Der Weg durch das Heft

»Und auf dem Wege fragte er seine Jünger und sprach zu ihnen: Wer sagen die Leute, dass ich sei?« (Mk 8,27)

Wer Jesus ist – das war nicht nur für seine Zeitgenossen eine umstrittene Frage.
Bis heute gehen die Meinungen über seine Person weit auseinander. Unbestritten ist immerhin:

- Jesus ist der Ursprung der Weltreligion »Christentum« (weit mehr als eine Milliarde Anhänger).
- Jesus selbst war Jude.
- Historisch am besten bezeugt ist seine Hinrichtung.
- Jesus hat wie wenige Menschen den Gang der Weltgeschichte beeinflusst.
- Jesus selbst hat keine Schriften hinterlassen. Sein Leben und seine religiösen Gedanken sind von seinen Anhängern aufgeschrieben und verbreitet worden und geben bis heute Anlass zu unzähligen historischen und religiösen Deutungen.

Dass Jesus für Christen eine zentrale Bedeutung besitzt, ist selbstverständlich. Aber auch über den christlichen Kreis hinaus, bei anderen Religionen, bei Philosophen, ja selbst bei Atheisten wird die Faszination dieser Gestalt wahrgenommen. In diesem Heft geht es für Sie darum, sich ein eigenständiges Bild von Jesus zu erarbeiten. Dazu wurden die Nachrichten über ihn und die Deutungen seiner Person nach einem Muster zusammengestellt, das vorweg kurz dargestellt werden soll.

Die Themen und ihre Abfolge sind am Kirchenjahr und seinen Festen orientiert. Das hat seinen Grund:

- Der Jahreskreis der Feste ist die symbolische Darstellung der Lebensgeschichte Jesu samt ihrer Bedeutung für die Christenheit.
- Ursprünglich sollte die jährliche Wiederholung die Gläubigen hineinnehmen und einüben in die Geschichte Jesu. Heute wird das nicht einmal mehr von allen Christen so erlebt. Und doch gewinnen wir alle von Kindheit an über Feste wie Weihnachten und Ostern unser Verhältnis zur christlichen Tradition.
- Das »Kirchenjahr« erinnert an die Geschichte des Menschen Jesus, indem seine Geburt und sein Tod feierlich begangen werden. Es deutet das Leben Jesu aber gleichzeitig als eine Geschichte Gottes, der sich mit Jesus identifiziert hat. Das wird an Festen wie Ostern, Pfingsten und Himmelfahrt deutlich.

Deshalb erscheint es sinnvoll, an diese für die meisten von uns typischen Erfahrungen anzuknüpfen.
Allerdings geht es für junge Erwachsene um mehr als nur um eine Wiederholung früherer Erfahrungen. Drei Schwerpunkte wiederholen sich deshalb in (fast) jedem Kapitel:

- die Bedeutung Jesu für den Glauben, wie sie »theologisches« Nachdenken erschließt,
- die historischen Verhältnisse, die zum Verständnis Jesu notwendig sind;
- Widerspiegelungen der zentralen Problemstellungen in der heutigen Lebenswelt.

Ob Sie das Heft mit Gewinn durchgearbeitet haben, können Sie an einigen Schlüsselfragen überprüfen.

- Das Christentum wird als »Erlösungsreligion« charakterisiert. Welche Rolle spielen Erlösungshoffnungen in der Zeit Jesu und in seiner Botschaft und wie können wir uns derartige Hoffnungen heute vorstellen?
- 2000 Jahre nach Jesus sind wir auf die Zeugnisse der ersten Christen angewiesen. Wie gültig und nachprüfbar ist dieses Bild bei kritischem historischen Nachfragen?
- Wie kommt es zur besonderen Beziehung Jesu zu Gott? Wie können wir das Selbstverständnis Jesu begreifen? Und was bedeutet das für uns selbst?
- Was sind die zentralen Gedanken, die Jesus bei seinem öffentlichen Auftreten vorgetragen hat? – Sind sie heute noch sinnvoll?
- Was will Gott von uns? – Welche Gerechtigkeit herrscht im »Reich Gottes«?
- Was bedeuten Jesu Wunder? – Helfen sie auch uns?
- Warum wurde Jesus gekreuzigt? – Was hat sein Tod mit uns zu tun?
- Wie verstehen heutige Menschen die Auferstehung oder die Himmelfahrt?
- Was gelten soll – Bekenntnisse zu Jesus: Wie kamen die ersten Christen zu ihren Aussagen über Jesus? Und wie finden wir unser eigenes Bekenntnis?

Je nach Interesse werden Sie unterschiedliche Prioritäten bei der Arbeit setzen:

Die Problembewussten: Sie wählen das interessierende Thema (z. B. … Jesus als Retter der Welt) und versuchen die verschiedenen Ebenen, Historisches – Heilsgeschichtliches – Gegenwärtige Lebenswelt, aufeinander zu beziehen.

Die Historiker/innen: Sie gehen in jedem Kapitel vor allem die geschichtlichen Hintergrundinformationen durch und setzen die historische Umwelt Jesu aus den verschiedenen Kapiteln zusammen (z. B. Titel Jesu wie Messias und Sohn Gottes, Gruppierungen zur Zeit Jesu wie Pharisäer oder Sadduzäer, Kanonbildung oder Ähnliches.)

Die Prüfungs-Typen: Sie lernen die historischen Hintergründe, bis Sie die Modelle reproduzieren können. Dann setzen Sie sich mit den theologischen Deutungen auseinander. Und nun bringen Sie historisches und deutendes Wissen zusammen.

Die Gesprächsoffenen: Sie gehen von einem Phänomen der gegenwärtigen Lebenswelt aus und überlegen sich, wie Sie die angesprochenen Lebensfragen selbst lösen würden. (Zum Beispiel: Was ist für mich der »Himmel«? Oder: Welche Hoffnung gibt es über den Tod hinaus?)

Die Perfektionisten: Sie nehmen das im Heft Dargestellte als Basiswissen und Problembeschreibung und holen sich weitere Informationen in Ihrer Bibliothek, in den thematischen Artikeln in Lexika, im Internet, bei Ihrer Religionslehrerin bzw. Ihrem Religionslehrer.

Die Ästhetiker/innen: Sie beschäftigen sich mit den Bildern und gewinnen von dort einen kreativen und dennoch eindringlichen Zugang zu den Themen.

A Advent

Auch Kirchenferne können sich dem Charme der Vorweihnachtszeit, genauer gesagt des Advents, nicht entziehen. Es muss dabei um mehr gehen als um Weihnachtsgeschenke. Vermutlich ist das eigentliche Thema das, was sich immer wieder vor allem in den großen Kinoinszenierungen finden lässt, die Frage nach der Rettung der Welt. Wir sind damit mit unserem Erleben ganz nah bei Hoffnungen, wie sie uns in den messianischen Erwartungen des Judentums in der Zeit Jesu und danach immer wieder begegnen. Seit der Exilszeit in der Mitte des 1. Jahrtausends v. Chr. hatte sich unter den Juden die Vorstellung herausgebildet, dass Gott einen »Gesalbten« schicken würde, der als ein »zweiter David« dem Land Frieden und ein glückliches Leben bringen sollte. Doch gab und gibt es über den genauen Charakter dieses Messias unterschiedliche Vorstellungen. Im Hinblick auf das Auftreten Jesu wird sich zeigen, dass seine Messianität gerade nicht triumphal ist, sondern eine des »leidenden Gerechten«. Gleichwohl ging und geht von diesem Auftreten Jesu eine Hoffnung auf die »Rettung der Welt« aus. Diese muss nicht immer groß und global sein, sondern betrifft häufig die eigene dunkle Welt, für die ein erhellender Lichtstrahl erwartet wird.

1. Wer rettet die Welt?

Terminator II: Ein moderner Mythos aus Hollywood?

■ *Im Hollywood-Spielfilm »Terminator« bedrohen programmierte Killercomputer das Fortbestehen des menschlichen Lebens auf der Erde. Das Unheil kann durch die Selbstopferung einer Maschine abgewendet werden. In der Handlung dieses Actionfilms spiegeln sich dieselben mythologischen Archetypen wider wie in den Mythen der Religionen.*

»Terminator II« erzählt von einem erneuten Computer-Angriff. Der Maschinenmensch T-1000 soll im Jahr 1996 den zehnjährigen John Connor umbringen. Johns Beschützer ist der Terminator, eine umprogrammierte Rekonstruktion der bösen Maschine aus dem ersten Teil. Der T-1000 ist perfekter als der Terminator. Er kann alle lebenden Organismen kopieren, seine Gestalt beliebig wechseln. Er kann sich sogar dem Fußboden angleichen oder sich verflüssigen, um durch Gittertüren zu gehen, und seine Hände verwandeln sich in Steigeisen, Messer und Säbel.

Mit der Ankunft der beiden Maschinen beginnt das rasante und effektvolle Spiel von Flucht und Verfolgung, bei dem die beiden Kontrahenten sich ständig deformieren und wieder regenerieren. Der Terminator findet John als Erster und kann mit ihm fliehen. Er klärt ihn über seine Mission auf; dabei stellt der kleine Junge fest, dass die Maschine auf seine Anweisungen hört, und befiehlt ihr, keine Menschen zu töten. Der lernfähig programmierte Terminator hält sich daran und macht die Menschen, die sich ihm in den Weg stellen, fortan »nur« kampfunfähig.

Ebenfalls auf Johns Befehl hin machen sich die beiden auf den Weg zu einer Nervenklinik, in der Sarah, Johns Mutter, festgehalten wird: Ihre apokalyptischen Warnungen werden für krankhafte Halluzinationen gehalten. Damit sie ihren Sohn wiedersehen kann, täuscht Sarah dem leitenden Arzt, Doktor Silberman, vor, dass sie von ihren Zukunftsvisionen geheilt ist; der aber glaubt dem plötzlichen Sinneswandel nicht. Sarah, die ihren Körper mittlerweile zur Kampfmaschine gestählt hat, unternimmt daraufhin einen Ausbruchsversuch. Auf der Flucht vor den Wächtern trifft sie auf John und den Terminator. Sarah gerät in Panik, weil sie glaubt, dass der Terminator zurückgekehrt ist, der sie 12 Jahre zuvor umbringen wollte. In letzter Sekunde kann John sie davon überzeugen, dass der Terminator es gut mit ihnen meint; denn der T-1000 ist ihnen schon dicht auf den Fersen. Das Trio kann aus der Psychiatrie entkommen und den T-1000 abschütteln – zumindest für kurze Zeit. […]

Aber schon werden sie wieder von dem T-1000 verfolgt. In einer Stahlfabrik spielt das Finale des Films. Der Terminator wird von seinem übermächtigen Gegner zerstört. Aber bevor dieser John und Sarah in einen glühenden Schmelztiegel befördern kann, aktiviert sich die »Alternative Power« des lädierten Terminators. Es gelingt ihm, den tödlichen Schuss abzufeuern; die böse Maschine stürzt selbst in das Feuer und wird »terminiert«. John wirft den Unterarm und den Chip des ersten Terminators hinterher. Aber noch ist ein Chip übrig, der zerstört werden muss: der des Terminators. John befiehlt der Maschine, sich nicht zu opfern. Aber er kann in der Gegenwart nicht verhindern, […] was er in der Zukunft angelegt hat. Der Terminator versteht nun, warum die Menschen weinen, stellt aber zugleich fest, dass er dazu niemals in der Lage sein wird. Und dann lässt er sich in den Feuerkessel abseilen.

Die Zukunft ist wieder offen durch das Opfer des Terminators. Am Ende sagt Sarah: »Wenn es selbst einer Maschine gelingt, den Wert des menschlichen Lebens schätzen zu lernen, dann sollten wir das auch tun können.«

Stefan Wolf: »Wenn du leben willst, komm mit mir!« Bausteine zum Film »Terminator 2«, in: Inge Kirsner / Michael Wermke (Hg.): Religion im Kino. Religionspädagogisches Arbeiten mit Filmen, Verlag JKS Garamond, Edition Paideia, Jena 2005.

Salvador Dalí: Der Christus des heiligen Johannes vom Kreuz, 1951. Glasgow City Council.

Was ist ein Mythos?

»Der Mythos ist eine (Grund-)Erzählung, die in weltentscheidender Zeit handelt, in der numinose [göttliche] Subjekte (Götter, Engel und Dämonen) einen labilen [unsicheren] Zustand der Wirklichkeit in einen stabilen verwandeln (oder verwandeln werden)« (F. Stolz).

»Die mythische Welt ist eine Welt von Willen und Intentionen, die in allen Dingen wirken. Die Feindseligkeit der Welt wird z. B. personifiziert und beseelt – und dann in Gestalt des Satans und seiner Dämonen vorgestellt« (A. & J. Assmann).

Yan Guillemette: Jesus in der Métro. Fotomontage aus: Nouvel Observateur Nr. 1677/1996, S. 4f.

Maarten 't Hart:
Würde das alles belohnt und vergütet werden?

Maarten 't Hart, geb. 1944, gehört zu den beliebtesten Autoren der Niederlande. Im vorliegenden Roman »Die schwarzen Vögel« gerät ein Mann (Thomas) in Verdacht, seine verschwundene Geliebte getötet zu haben. Mit der Spannung dieses Kriminalfalles kontrastiert die verzweifelte Leere der Ehefrau des Verdächtigen. Die folgende Szene gibt ihre Gedanken wieder, als ihr Mann aus der Untersuchungshaft zurückgekehrt ist.

Wozu all die Mühe und Sorge? Wie oft würde es noch vorkommen, dass ich in Läden warten musste? Und warum? Was blieb anderes, außer dass ich an die Reihe kam? Oder gab es irgendwo weit weg im Weltall vielleicht eine Buchführung der alltäglichen Dinge: Wie lange man auf kalten Bahnsteigen auf verspätete Züge gewartet hatte, wie lange man in Wartezimmern von Ärzten und Gynäkologen gesessen hatte, wie oft man im kalten Herbstregen nach draußen hatte gehen müssen, um eine fehlende Zutat für eine Mahlzeit zu kaufen? Und würde das belohnt oder vergütet werden? Aber auf welche Weise? Und ich wusste, während ich dort über den noch unberührten Schnee lief, dass mein ganzes Sein nach der einzigen Belohnung dürstete, die alles für mich ins Gleichgewicht bringen würde, etwas, das anderen wie selbstverständlich zuteil wurde und das von einigen genauso selbstverständlich abgelehnt wurde. […]

Aber war es nicht besser, einfach tot zu sein, wenn sich doch nie etwas änderte […]?
Verändern würde sich sonst nichts; in ein paar Tagen würde Weihnachten sein, und dann würde das neue Jahr kommen, und die unvermeidliche, strenge Abfolge von Tagen und Nächten würde sich fortsetzen bis zu meinem Tod, und ich würde morgens aufstehen und dreimal täglich essen und abends zu Bett gehen, und nichts Wesentliches würde sich ändern, hatte sich verändert, trotz allem, was ich durchgemacht hatte. […]
Vorsichtig faltete ich die Hände, schaute dabei heimlich Thomas an, der wieder in seine Post vertieft war. Er durfte nicht sehen, was ich schon lange nicht mehr getan hatte. Er würde mich deswegen bestimmt auslachen, er, der von Haus aus nie etwas mit Religion zu tun haben wollte. […]
Als er wieder einen langen Brief aus einem Umschlag genommen hatte, schloss ich schnell die Augen, und schnell betete ich in Gedanken: Gnädiger Gott, lass wieder Hoffnung in meiner leeren und kalten Seele wachsen.

Maarten 't Hart: Die schwarzen Vögel, Piper Verlag, München 2001, S. 298f.305f.

2. Licht in der Finsternis

Im Anfang war das Wort, und das Wort war bei Gott, und Gott war das Wort. Dasselbe war im Anfang bei Gott. Alle Dinge sind durch dasselbe gemacht, und ohne dasselbe ist nichts gemacht, was gemacht ist. In ihm war das Leben, und das Leben war das Licht der Menschen. Und das Licht scheint in der Finsternis, und die Finsternis hat's nicht ergriffen.

Johannes 1,1–5

Eberhard Jüngel:
Ein Licht, das aller Finsternis ein Ende macht

■ *Eberhard Jüngel, geb. 1934, ist emeritierter Professor für Systematische Theologie und Religionsphilosophie an der Universität Tübingen. Der folgende Text ein Auszug aus einem Leitartikel zum Jahresende 2001 – dem Jahr des »11. September«.*

Das nun zu Ende gehende Jahr war ein finsteres Jahr. Wenige Augenblicke haben es zum Inbegriff jener Finsternis werden lassen, die Menschen gegen Menschen ins Werk setzen. Als eine dämonische Mixtur von religiösem und politischem Fanatismus das Tohuwabohu wieder über die Schöpfung heraufzubeschwören drohte, da blickte die Menschenwelt in ein selbst erzeugtes abgründiges Dunkel. Zumindest für die westliche, am Erfolg orientierte, sich auf Potenzierung ihres eigenen geistigen und wirtschaftlichen Vermögens fixierende Leistungsgesellschaft, von der wir – wer wollte es leugnen! – alle zehren, zumindest für sie symbolisierten jene beiden New Yorker Türme die Erfahrung, »wie wir's […] zuletzt so herrlich weit gebracht«. Und nun sahen wir zumindest diese »Herrlichkeit der Erden […] zu Rauch und Asche werden«. Gibt es gleichwohl Licht, dann muss es ein solches Licht sein, das aller selbst erzeugten und selbst verschuldeten Finsternis ein Ende zu machen verspricht. Das Aufscheinen eines solchen auch in die abgründigste Finsternis vordringenden Lichtes – das ist das Wunder der Weihnacht. Das Evangelium bezeugt es. Die Kirche verkündigt es. Und die Christenheit feiert es, wenn sie der Geburt Christi gedenkt. Denn »in ihm war das Leben, und das Leben war das Licht der Menschen. Und das Licht leuchtet in der Finsternis. Und die Finsternis hat es nicht überwältigt« (Joh 1,4f.).

Eberhard Jüngel: Leitartikel zu Weihnachten 2001, in: Neue Zürcher Zeitung Nr. 299 vom 24.12.2001.

Jochen Klepper: Die Nacht ist vorgedrungen

■ *Das folgende Gedicht stammt von Jochen Klepper. Es ist zur Zeit des Dritten Reiches in Berlin entstanden. Jochen Klepper beging mit seiner jüdischen Frau und seiner Stieftochter am 11. Dezember 1942 Selbstmord.*

1. Die Nacht ist vorgedrungen,
der Tag ist nicht mehr fern!
So sei nun Lob gesungen
dem hellen Morgenstern!
Auch wer zur Nacht geweinet,
der stimme froh mit ein.
Der Morgenstern bescheinet
auch deine Angst und Pein.

2. Dem alle Engel dienen,
wird nun ein Kind und Knecht.
Gott selber ist erschienen
zur Sühne für sein Recht.
Wer schuldig ist auf Erden,
verhüll nicht mehr sein Haupt.
Er soll errettet werden,
wenn er dem Kinde glaubt.

3. Die Nacht ist schon im Schwinden,
macht euch zum Stalle auf!
Ihr sollt das Heil dort finden,
das aller Zeiten Lauf
von Anfang an verkündet,
seit eure Schuld geschah.
Nun hat sich euch verbündet,
den Gott selbst ausersah.

4. Noch manche Nacht wird fallen
auf Menschenleid und -schuld.
Doch wandert nun mit allen
der Stern der Gotteshuld.
Beglänzt von seinem Lichte,
hält euch kein Dunkel mehr,
von Gottes Angesichte
kam euch die Rettung her.

5. Gott will im Dunkel wohnen
und hat es doch erhellt.
Als wollte er belohnen,
so richtet er die Welt.
Der sich den Erdkreis baute,
der lässt den Sünder nicht.
Wer hier dem Sohn vertraute,
kommt dort aus dem Gericht.

Jochen Klepper: Die Nacht ist vorgedrungen. In: Kyrie. Geistliche Lieder, Luther-Verlag Bielefeld, 20. Auflage 1998.

3. Welcher König kann retten?

»Ihr König ist der Gesalbte des HERRN«

■ Christus heißt »Gesalbter«, oder – auf hebräisch – »Messias«. Das Judentum verbindet mit dem Messias bestimmte Erwartungen. Der wohl berühmteste Text, in dem ein königlicher Gesalbter angekündigt wird, findet sich in einer Sammlung von Psalmen, die nicht zum Alten Testament gehören: den sog. Psalmen Salomos. Sie werden in die Mitte des ersten Jahrhunderts v. Chr. datiert. Zu dieser Zeit hatten die Römer gerade Palästina besetzt. Unter dem Eindruck dieser Besetzung wird ein zukünftiger Heilskönig als »Gesalbter des Herrn« erwartet, der die Juden von der »ungläubigen« Besatzungsmacht befreien und sie so aus ihrer Not retten soll.

Sieh zu, Herr, und gib ihnen ihren König, den Sohn Davids, damit er herrscht.

Und gib ihm Stärke, zu zermalmen ungerechte Fürsten, zu reinigen Jerusalem von Heidenvölkern.

Er soll den Übermut der Sünder zerschlagen wie Töpfergeschirr.

Er soll gesetzlose Völkerschaften durch das Wort seines Mundes vernichten.

Er soll durch seine Drohung den Feind in die Flucht schlagen fort von seinem Angesicht.

Und er wird versammeln ein heiliges Volk, das er führen wird in Gerechtigkeit.

Und er wird richten die Stämme des Volkes, das geheiligt ist vom Herrn, seinem Gott.

Und er wird nicht erlauben, dass Ungerechtigkeit weiterhin in ihrer Mitte wohnt.

Und kein Mensch, der böse ist, wird mit ihnen zusammen wohnen.

Und er ist ein gerechter, von Gott gelehrter König über sie; und unter seiner Herrschaft gibt es bei ihnen kein Unrecht.

Denn alle sind sie heilig, und ihr König ist der Gesalbte des Herrn.

Aus Psalmen Salomos 17 [gekürzt].

Messianische Erwartungen zur Zeit Jesu

■ Gerd Theißen, geb. 1943, Professor für Neues Testament an der Theologischen Fakultät der Universität Heidelberg, und Annette Merz, Professorin für Neues Testament an der Universität Utrecht (Niederlande), verfassten 1996 ein Lehrbuch über Jesus, in dem sie ein »kontextuelles« Jesusbild entwerfen, das ihn in den zeitgenössischen Kontext, vor allem auch des Judentums, stellt.

Zunächst hatten die Römer einen stabilisierenden Einfluss. Herodes I., der bis zum Jahr 4 v. Chr. in Palästina mit großem Geschick und beachtlichem Durchsetzungsvermögen regierte, gelang es, das Land unter Kontrolle zu halten. Nach seinem Tod kamen die unterdrückten Spannungen an die Oberfläche.

Die erste Welle offener Opposition äußerte sich in unkoordinierten Aufständen. Nur der Einsatz mehrerer Legionen konnte die Ruhe wieder herstellen. Die aufständischen Gruppen waren von einer messianischen Sehnsucht motiviert, d. h. der Sehnsucht nach einem einheimischen, politischen Befreier mit charismatischer Ausstrahlungskraft. Der jüdische Geschichtsschreiber Flavius Josephus berichtet uns von zwei Gestalten, die solch eine messianische Aura um sich hatten:

Simon, ein ehemaliger Sklave des Herodes, setzte sich selbst die Krone auf und wurde öffentlich als König ausgerufen. Josephus kann das nur mit der Sehnsucht des Volkes nach einem »einheimischen König« erklären.

Athronges, ein Hirte, stilisierte sich als neuer David. Auch er setzte sich die Krone auf und behandelte seine Brüder als untergeordnete Herrscher und Feldherrn. Außer physischer Kraft und einer gewissen charismatischen Ausstrahlung hatte er allerdings nicht viel zu bieten, um seinen Anspruch plausibel zu machen.

Entscheidend für das Verständnis der Geschichte Jesu ist: Erwartungen nach einem messianischen König waren im Volk damals lebendig – und diese Erwartungen hatten politische Brisanz. Es wäre unwahrscheinlich, wenn Jesus in seinem Leben nicht mit solchen messianischen Erwartungen konfrontiert worden wäre.

Gerd Theißen / Annette Merz: Der historische Jesus, Vandenhoeck & Ruprecht, Göttingen, 3. Auflage 2001, S. 139.

Und der Engel sprach zu ihr:
»Fürchte dich nicht, Maria, du hast Gnade bei Gott gefunden. Siehe, du wirst schwanger werden und einen Sohn gebären, und du sollst ihm den Namen Jesus geben. Der wird groß sein und Sohn des Höchsten genannt werden; und Gott der Herr wird ihm den Thron seines Vaters David geben, und er wird König sein über das Haus Jakob in Ewigkeit, und sein Reich wird kein Ende haben.«

Lukas 1,30–33

Matthias Grünewald: Innenszene des Isenheimer Altars.

Nathan Peter Levinson: Der Messias der Christen

▪ *Rabbiner Professor Dr. Nathan Peter Levinson, geb. 1921 in Berlin, war einer der ersten Rabbiner in Berlin nach dem Zweiten Weltkrieg. Er erhielt für sein Lebenswerk zahlreiche Auszeichnungen, darunter im Juni 1999 für seine herausragenden Bemühungen um den christlich-jüdischen Dialog das Bundesverdienstkreuz.*

Für Juden war und ist die christliche Sicht des Messias unannehmbar, und zwar aus den folgenden drei Gründen:
1. Als König Israels, der das Volk von römischer Unterdrückung befreien und die frühere Pracht wiederherstellen sollte, konnte Jesus nur enttäuschend gewirkt haben. In der Welt hatte sich nach seinem Erscheinen nichts geändert, ein Friedensreich war nicht entstanden.
2. Als Heiland, der stellvertretend Sünden vergibt und in der paulinischen Sicht die Tora ersetzt, konnte er für gesetzestreue Juden nur ein Ärgernis sein.
3. Dass er in der Inkarnationslehre Mensch wurde und in der Trinität mit dem Vatergott und dem Heiligen Geist eine Einheit bildete, konnte von strengen Monotheisten nur als Abfall vom jüdischen Glauben gedeutet werden.
Weder als König Israels noch als Heiland, der dem einzelnen zur Erlösung verhilft, konnte er daher für Juden als Messias gelten. Er kann daher nur als der Messias der Christen bezeichnet werden.

Nathan Peter Levinson: Der Messias, Kreuz Verlag, Stuttgart 1994, S. 42.

B Weihnachten

Warum ist Weihnachten das wichtigste Fest? Gabriele Wohmanns kleine Geschichte erinnert uns an die zwiespältigen Erwartungen diesem Fest gegenüber. Geschäftigkeit und eine gewisse Resignation mischen sich mit unausrottbaren Hoffnungen gerade auf das bevorstehende Fest. Historisch gesehen befinden wir uns dabei in guter Gesellschaft. Bereits in der Antike gab es nicht nur im Judentum Erwartungen an die Wiederkehr eines paradiesischen »goldenen Zeitalters«. Auch im römischen Reich blühten solche Hoffnungen und waren verbunden mit dem Augustus-Frieden und dem Ende des Bürgerkrieges. Von solchen »Rettern« möchten die Evangelien Jesus Christus mit Recht unterscheiden. Doch worin liegt die Bedeutung der Geburt Jesu für uns heute? Renommierte Theologen haben immer wieder versucht, sich diesem Fest zu nähern. Sie gehen dabei ähnlich vor wie wir selbst. Wir können fragen, was an jedem Weihnachtsfest mit uns passiert. Welche Erinnerungen werden bei uns geweckt? Wir können aber auch darüber nachdenken, worin das »Wunder« der Weihnacht liegen könnte, jenseits all unserer Erwartungen und Routinen. Wie kann man sich denn wirklich vorstellen, dass »Gott Mensch geworden« sein soll?

4. Hoffnung auf eine heile Welt

Gabriele Wohmann: Floras Weihnachten

■ *Gabriele Wohmann, geb. 1932, stammt aus einer Pastorenfamilie und lebt seit 1956 als freie Schriftstellerin in Darmstadt. Sie zählt zu den bekanntesten Schriftstellerinnen Deutschlands. In der Kurzgeschichte »Floras Weihnachten« schildert sie die Weihnachtsvorbereitungen eines älteren Ehepaars.*

Weihnachten kommt zu oft. Flora seufzte tiefgründig und durchdrungen von der Absicht, bösartig auf ihn zu wirken. Er sagte nur: Bekannt.

Ostern, begann Flora, als er ihr ins geplante nächste Wort fiel, indem er sie nachäffte, die Stimme hochschraubte, ihre Stimme war nicht so hoch wie seine Karikatur: Ostern kommt seltener. Danach klang er gutmütig: Schatz, auch die Fortsetzung – bekannt. Alle Jahre wieder. Du bejammerst dein schweres Weihnachtsschicksal seit Jahren. Alle Jahre wieder, sang Flora, sie machte aus der Melodie ein häßliches Gequäke.

Nimm's endlich wie ein erwachsener Mensch, riet er seiner in die Küche wegschlurfenden Frau. Mit dieser halben Million von rosa Pfeilen durchbohrten Lockenwicklern auf ihrem Kopf (von dem blondgetönten Haar war fast nichts zu sehen) erinnerte sie ihn an eine Spezialwaffe, irgendeine Stachelgranate. Er folgte ihr bis zur Schwelle, sie rührte in einem Topf, in dem es wahrscheinlich nichts zu rühren gab. Die Kinder freuen sich darauf, sagte er lahm. Die Kinder! Die Kinder! Alle über zwanzig, und sie freuen sich nicht die Bohne.

Flora hatte recht, er wußte es, aber ihr Handgranatenkopf war so schrecklich abschußbereit, aus ihm kamen die lästigen häßlichen Tatbestände, und er fühlte die Pflicht, sie abzumildern.

Die Kinder seufzen, da wo sie jetzt sind, genauso wie ich hier. Einziger Weihnachtsvorteil: Sie können sich mal kostenlos vollfressen und gründlich abkassieren. Eigentlich ist sie nicht der zänkische Typ Ehefrau, sagte er sich. Könnte ja sein, daß ihre Weihnachtsunlust, mehr schon ein Zorn, mit ihrer Arbeit in der Redaktion zusammenhing. Sie stöhnte über eingesandte Weihnachtsgeschichten: Jede dritte Hausfrau auf der Welt schickt ihre Produktion, und es ist immer dasselbe. Zuerst will die Heldin, Ehefrau und Mutter, vor dem Streß mit Geschenken, Backen und so weiter davonlaufen, und dann tut sie es auch, kommt aber nicht weit, irgendwas hat sie plötzlich erleuchtet, sie kehrt um, fügt sich in ihr Los, und es wird das schönste Weihnachten seit Menschengedenken.

Vielleicht packst du es auch mal so wie diese Damen? schlug er vor, weder hörte er sich hoffnungsvoll an, noch war er es. Beim nächsten Intermezzo zu diesem Thema käme ihr Problem mit Jesus Christus als Baby dran. Er regte sich nicht auf, auch in anderen familiären Angelegenheiten hatte er sich einen bekömmlichen Gleichmut zugelegt.

Ich mag ja Babys, wie du weißt. Diesmal war Flora blondlockig. Ihm lag es auf der Zunge, ihren Anblick zu kommentieren: Man könnte dich glatt am Christbaum aufhängen. Oder oben auf die Spitze stecken. Siehst wie ein Rauschgoldengel aus. Fehlt nur noch, dass du dich zu einer lieblichen lächelnden Physiognomie durchringst. Aber besser, er hielt den Mund.

Du weißt, ich mag Babys, ja ich liebe sie, vorausgesetzt, sie sind ein bißchen fett. Ich meine: speckig. Und ich fürchte, Jesus Christus war eher etwas mickrig, wegen der Armut und so. Aber fett oder mickrig, ein Baby anzubeten, überhaupt: zu verehren, also über seine wundervolle, dumme, ergötzliche, winzige, egoistische Babymäßigkeit hinaus in einem feierlichen und spirituellen Sinn einem Baby zu danken und dergleichen, das krieg ich wirklich schwer hin. Bekannt, sagte er.

Bekannt, bekannt, bekannt! rief sie. So ist nun mal Ehe! Was ist nicht bekannt, nach so vielen Jahren?

Sandro Botticelli: Die Geburt Christi (um 1500).

Es gibt die Möglichkeit zu reifen, sich zu verändern. Soll beim Menschen mit dem Älterwerden vorkommen. Sie kriegen neue Ideen, eine andere Einstellung. Während er redete, erforschte er sein Gedächtnis nach guten Beispielen aus dem Freundeskreis, aber vor einem brauchbaren Fund störte Flora, sie lamentierte: Sein Geburtstag liegt so schrecklich lang zurück. Außerdem sind unsere Festsitten bloß heidnisch. Er wußte, Flora hatte überhaupt noch nichts vorbereitet. Die Weihnachtskartenbestellung war erfolgt, die Lieferung vollzogen, aber geschrieben hatte sie keine, und mit jeder Post kam bereits irgendein Gruß von Freunden, sie schimpfte über jeden, mokierte sich über kleine Gaben, Freundinnen bevorzugten ausgefallene Kerzen, und pietätlos zündete sie eins von diesen verachteten Exemplaren an, eine original Münsterländer Knisterkerze.

Der Geburtstag von Omama Trudi wird ja auch immer weitergefeiert. Er fand seinen Einfall gut und nicht gut. Ihre Großmutter war so etwas wie die Familienautorität gewesen und seit zwölf Jahren tot. Aber niemand erwartet ihre Wiederkehr, wie wir's vom Heiland tun […], oder stimmt das nicht ganz? Flora überlegte. Gilt das für den Messias? Oder für Mohammed? Na egal, wer's auch ist, er kommt nicht.

Gabriele Wohmann: Floras Weihnachten, in: dies: Bleib doch über Weihnachten, Pendo Verlag, München/Zürich 1998, S. 147–150. Der Abdruck wurde nur in alter Rechtschreibung genehmigt.

5. Konkurrierende Verheißungen

»Ein durch Siege gefestigter Friede« – der militärische Aspekt der Pax Romana

■ *Klaus Wengst, Professor für Neues Testament an der Ruhr-Universität Bochum, beschreibt unterschiedliche Aspekte der zu Jesu Zeit im Römischen Reich herrschenden Vorstellung eines weltweiten Friedens durch römische Vorherrschaft (Pax Romana).*

Dass im Zusammenhang einer der frühesten Erwähnungen des Begriffes Pax Romana vom Kaiser als Feldherrn gesprochen wird, ist kein Zufall. Der militärische Aspekt dieses Friedens steht an erster Stelle. Die Errichtung des »Altars des Augustusfriedens« wurde […] als ein symbolischer Akt verstanden, nicht minder symbolisch ist sein Standort: »und zwar auf dem Marsfeld«. In dieser Platzierung erblickt ein moderner Bewunderer Roms »einen tiefen und bedeutsamen Sinn«: »Auch das Marsfeld sollte nun davon zeugen, dass die Kriegszeiten beendet seien, dass die Herrschaft der Göttin Pax, das goldene Zeitalter des Friedens, in dem Kriege und Nöte allein ihren Sinn finden, ausgebrochen sei.« Sinngebung der Gewaltgeschichte im Erfolg des Siegers: Auf diesem Altar verrauchen die Opfer ins Nichts. Der Altar des Augustusfriedens war ein Brandopferaltar; dass er seinen Platz auf dem Marsfeld fand, zeigt an, dass dieser Friede auf dem Schlachtfeld gewonnen wurde. Ganz entsprechend heißt es an der anderen […] Stelle aus dem Tatenbericht des Augustus mit aller wünschenswerten Deutlichkeit: Der Janustempel sei zu schließen, »wenn im ganzen Herrschaftsbereich des römischen Volkes, zu Wasser und zu Lande, ein durch Siege gefestigter Friede eingekehrt« sei. Das also ist als erstes festzuhalten: Die Pax Romana ist ein vom römischen Kaiser und seinen höchsten Beamten politisch gewollter und durch den erfolgreichen Einsatz seiner Legionen militärisch hergestellter und gesicherter Friede.

Klaus Wengst: Pax Romana. Anspruch und Wirklichkeit, Chr. Kaiser Verlag, München 1986, S. 23.

Vergil: Er wird lenken die befriedete Welt

■ *Der römische Dichter Vergil (eigentlich Publius Vergilius Maro), 70–19 v. Chr., ist neben Horaz der bedeutendste römische Dichter der »Augusteischen Zeit«. Er besingt in der folgenden Dichtung die Regierungszeit Kaiser Augustus' als Beginn eines »goldenen Zeitalters«.*

Auf, ihr sizilischen Musen, lasst Höheres jetzo uns singen!
[…]
Schon ist erschienen das letzte Alter des Spruches von Cumae
Und aufs Neue hebt an die große Folge der Zeiten.
Schon kehrt auch die Jungfrau zurück und das Reich des Saturnus;
Schon steigt ein neues Geschlecht hernieder vom Himmel, dem hohen.
Du nur sei gnädig, Lucina, dem werdenden Knaben, durch den nun
Endigen wird das Geschlecht von Eisen, erstehen das goldne
Rings in der ganzen Welt, du keusche: schon herrscht dein Apollo. […]
Jener wird göttliches Leben empfangen, vereint die Heroen
Mit den Göttern erschaun und selbst unter ihnen erscheinen,
Wird den durch Taten des Vaters befriedeten Erdkreis beherrschen. […]

Dann wenn dein schon gefestigtes Alter zum Mann dich gereift hat,
Weichen wird vom Meer auch der Schiffer, die schwimmende Fichte
Tauscht nicht mehr Waren: ein jegliches Land wird jedes erzeugen.
Nicht wird erdulden die Erde den Karst, nicht die Rebe das Messer;
Schon wird auch lösen der kräftige Pflüger das Joch von den Stieren; […]
Fang an, kleiner Knab, zu erkennen mit Lächeln die Mutter:
Ihr, der Mutter, ja brachten zehn lange Monde Beschwernis.

G. Jachmann: Die vierte Ekloge Vergils, Westdeutscher Verlag, Köln/Opladen 1952, S. 39f.

Grabplatte des Florentius aus einer Katakombe in Rom, 4. Jh. n. Chr.

Statue des Kaisers Augustus im Römischen Theater in Orange, 1. Jh. n. Chr.

Es begab sich aber zu der Zeit, dass ein Gebot von dem Kaiser Augustus ausging, dass alle Welt geschätzt würde. Und diese Schätzung war die allererste und geschah zu der Zeit, da Quirinius Statthalter in Syrien war. Und jeglicher ging, dass er sich schätzen ließe, ein jeglicher in seine Stadt. Da machte sich auch auf Josef aus Galiläa aus der Stadt Nazareth, in das jüdische Land zur Stadt Davids, weil er aus dem Hause und Geschlechte Davids war, damit er sich schätzen ließe mit Maria, seinem vertrauten Weibe, die war schwanger.

Lukas 2,1–5

6. Zwischen Familienfeier und göttlichem Ereignis

Friedrich Schleiermachers »Weihnachtsfeier«

In seiner kleinen Schrift »Die Weihnachtsfeier« von 1806 schildert der Theologe Friedrich Daniel Ernst Schleiermacher das Weihnachtsfest in einem bürgerlichen Haushalt. Neben der stimmungsvollen Feier mit Geschenken und Musik finden Gespräche statt, in denen das Weihnachtsereignis gedeutet wird. Dabei spielt das eigene Erleben, die persönliche Frömmigkeitserfahrung eine zentrale Rolle.

Zwei Namen verdienen Aufmerksamkeit: Es sind die Namen der heiligen Familie, Maria und Josef, die sich bedeutsam von den Modenamen der übrigen Weihnachtsgesellschaft abheben. Maria spielt die zentrale Rolle in den Erzählungen der Frauen, und Josef hat das letzte Wort, wenn alle gelehrten Dispute sich erübrigen. Maria und Josef sind in der Weihnachtserzählung das Urbild christlicher Frömmigkeit, weil sie die ersten waren, die an der Krippe standen, zu empfangen, was Neues begann. […]

Die Musik, die das gesellige Beisammensein immer wieder begleitet, äußert sich an zwei Stellen auch in Worten. Es sind zwei »geistliche Lieder« des Novalis (1772–1801), die im Kreis der Weihnachtsfeier zur Sprache kommen. Das eine besingt einen »kosmischen« Christus, wie er in allen Bildern der Natur die Welt verjüngt, wenn er in »Armut dichterischer Hütte« niederkommt:

»Wo bleibst du Trost der ganzen Welt?
Herberg ist dir schon längst bestellt.
Verlangend sieht ein jedes dich,
Und öffnet deinem Segen sich […]

Der Winter weicht, ein neues Jahr
Steht an der Krippe Hochaltar.
Es ist das erste Jahr der Welt,
Die sich dies Kind erst selbst bestellt.«

Das andere besingt nicht den Sohn, sondern die Mutter, die »in tausend Bildern« der Welt zu entdecken ist:

»Ich sehe dich in tausend Bildern,
Maria, lieblich ausgedrückt,
Doch keins von allen kann dich schildern,
Wie meine Seele dich erblickt.

Ich weiß nur, dass der Welt Getümmel
Seitdem mir wie ein Traum verweht,
Und ein unnennbar süßer Himmel
Mir ewig im Gemüte steht.« […]

Schon die weise kleine Sofie spricht, die Krippe vor Augen: »O Mutter! Du könntest ebenso gut die glückliche Mutter des göttlichen Kindes sein, und tut es Dir denn nicht weh, dass Du es nicht bist?«. Was später die Mutter aufnimmt und damit begründet, dass »ich in der Tochter, wie Maria in dem Sohne, die reine Offenbarung des Göttlichen recht demütig verehren kann, ohne dass das rechte Verhältnis des Kindes zur Mutter dadurch gestört würde«. So gesehen »ist wieder jede Mutter eine Maria. Jede hat ein ewiges göttliches Kind, und sucht andächtig darin die Bewegungen des höheren Geistes«. Wie empfangen Maria und Josef vorbildhaft das Evangelium von der Menschwerdung Gottes? Wie sollen alle Frauen und Männer in ihrem Sinne die Frohe Botschaft fassen? Statt »Gott wurde Mensch« wird in den drei Erzählungen der Frauen »Gott wurde Kind« intoniert, die »deutliche Anerkennung der unmittelbaren Vereinigung des Göttlichen mit dem Kindlichen, bei welcher es also keines Umkehrens weiter bedarf«. Schon in der Weihnacht kann urbildlich das ganze Menschsein entdeckt werden. […]

Maria ist das Vorbild, das »Urbild« christlicher Frömmigkeit in Bezug auf Christus, so wie jener es ist in Bezug auf »die Kräftigkeit seines Gottesbewusstseins«. Protestantische Marienverehrung nach Schleiermacher heißt also: nicht zu Maria beten, aber wie Maria das Kind anbeten, und empfangen. Es ist nicht der Blick auf den Schmerzensmann am Kreuz, es ist der Blick der Mutter auf ihr Kind. Wer wie Maria auf das »himmlische Kind« blickt, der sieht im Kind schon das ganze menschliche Leben urbildlich abgebildet – an Weihnachten ist schon alles vollbracht. Auf diese Weise klingt hier schon an, was Schleiermacher als den Grundtext seiner gesamten Dogmatik ansah: »Und das Wort ward Fleisch.« Oder, wie er 1802 predigte: »Die Geburt Christi ist Symbol für alle göttlichen Wohltaten und Fügungen.« In den Erzählungen der Frauen wird in den Kindern schon das ganze menschliche Leben erblickt, das urbildlich im Leben Christi vorweggenommen wurde. Indem alle Marien-Erzählungen als weihnachtliche Botschaft ausgegeben werden, wird dafür plädiert, schon in der Weihnacht das ganze Erlösungsgeschehen zu entdecken.

Frauen finden in die Nachfolge Mariens, indem sie in ihrem Kind das göttliche Urbild erblicken. Männer haben es da schwerer. Haben Frauen die Fähigkeit, in stetigem wachsendem Gottesbewusstsein dem göttlichen Kinde nahe zu sein, so bedürfen die Männer einer zweiten, metakritischen Naivität. Während die Männer sich über Jesus streiten, haben die Frauen »ihn geliebt und verehrt«. Sie sind stetig wachsend in ihrem Gottesbewusstsein wie Jesus selbst und bleiben daher »Kinder« in übertragenem Sinne, Kinder Gottes, wogegen die Männer erst umkehren müssen, »um es wieder zu werden«. Und so kann die männliche urbildliche Frömmigkeit in Gestalt des Josef erst nach allem kritischen Theoretisieren der drei Männer auftauchen, um eine Umkehr der Stimmung zu vermitteln, so dass am Ende alle Menschen, auch die Männer, zu Kindern werden – zu Gotteskindern, in der Nachfolge des einen Kindes in der Krippe. […]

Josef hat nachvollzogen, was das angebetete Kind repräsen-

Beato Angelico: Verkündigung, Wandgemälde, Florenz um 1450.

tiert: urbildliches Menschenleben im Dreitakt von Geburt, Taufe und Wiedergeburt. Und er fordert die Freunde auf, ihm in diese neugewonnene Kindlichkeit zu folgen – und ihre Herrlichkeiten zu zeigen, nachdem der göttliche Logos die seine am Festtag schon zeigt: »Und das Wort ward Fleisch und wohnte unter uns, und wir sahen seine Herrlichkeit« – wiederum neu zu erblicken in der Herrlichkeit derer, die beim Fest sind, in tausend Bildern. Und jetzt kann die Erzählung von neuem beginnen.

Matthias Morgenroth: Weihnachtschristentum. Moderner Religiosität auf der Spur, Gütersloher Verlagshaus in der Verlagsgruppe Random House, Gütersloh, 2. Auflage 2003, S. 99–102.

Karl Barth: Das Wunder der Weihnacht

■ *Karl Barth (1886–1968) war im deutschsprachigen Raum wohl einer der einflussreichsten Theologen des 20. Jahrhunderts. Er versuchte konsequent, Gott in den Mittelpunkt aller theologischen Überlegungen zu stellen.*

Gottes Offenbarung in ihrer objektiven Wirklichkeit ist die Fleischwerdung seines Wortes, auf Grund deren er, der eine wahre ewige Gott, zugleich wahrer Mensch ist wie wir. Gottes Offenbarung in ihrer objektiven Wirklichkeit ist die Person Jesus Christus. Mit dieser Feststellung haben wir die Offenbarung nicht erklärt, nicht einsichtig gemacht, nicht eingeordnet in die Reihe der anderen Gegenstände unserer Erkenntnis. Im Gegenteil: Mit dieser Feststellung, auf die wir nun zurückblicken, haben wir sie umschrieben und bezeichnet als Geheimnis – nicht nur als *ein* Geheimnis, sondern als *das* Geheimnis. Das will sagen: sie wird wohl Gegenstand unserer Erkenntnis; sie findet wohl den Weg, Inhalt unserer Erfahrung und unseres Denkens zu werden; sie wird wohl fassbar unserer Anschauung und unseren Begriffen. Aber sie wird es außerhalb dessen, was wir als den Umkreis unserer Erfahrung und unseres Denkens, als Möglichkeit unseres Anschauens und Begreifens zu verstehen vermögen, als ein Novum, das wir, indem es uns zum Gegenstand wird, nicht in die Reihe unserer anderen Gegenstände einzugliedern, nicht mit ihnen zu vergleichen, nicht aus ihrem Zusammenhang abzuleiten, nicht in Analogie zu ihnen zu verstehen vermögen, als ein Datum ohne Anknüpfungspunkt in einem sonstigen früheren Datum. [...]

Eben dieses Geheimnis der Weihnacht finden wir nun aber in der Schrift und im kirchlichen Dogma als solches bezeichnet durch den Hinweis auf das Wunder der Weihnacht. Dieses Wunder ist die Empfängnis Jesu Christi vom Heiligen Geist bzw. seine Geburt aus Maria der Jungfrau.

Karl Barth: Kirchliche Dogmatik I,2 § 15,3. Theologischer Verlag Zürich, 1960.

C Die Kindheit Jesu

Außer den Ereignissen im weiteren Umkreis seiner Geburt erfahren wir von den Evangelisten nur den Tempelbesuch des zwölfjährigen Jesus. Das bedeutet, dass wir über die Zeit Jesu vor seiner Taufe und seinem öffentlichen Auftreten praktisch nichts aus den neutestamentlichen Quellen erfahren. Bei einer Person von der Bedeutsamkeit Jesu weckte dies – nicht weiter überraschend – den Wunsch, doch Genaueres über diese Lebensphase zu wissen. So entstanden in der Zeit nach der Abfassung der Evangelien sog. apokryphe Schriften wie das Kindheitsevangelium des Thomas. Sie sind für uns interessant, weil sie uns zeigen, dass man schon in früheren Zeiten ein Interesse hatte, die Leerstellen zu füllen, die nach den biblischen Berichten bleiben. Wir stoßen dabei gleichzeitig aber auf ein zentrales Problem biblischer Überlieferung, die Kanonfrage. Wenn der Inhalt des Kindheitsevangeliums doch so interessant ist, warum hat er dann nicht Eingang in die Sammlung der neutestamentlichen Schriften gefunden? Die Alte Kirche hat Kriterien festgelegt, um diese Frage des Kanons (= der Richtschnur) zu entscheiden. Aus heutiger Sicht können wir diese Entscheidungen meist ganz gut nachvollziehen (etwa im Hinblick auf den Ausschluss des Kindheitsevangeliums).

7. Jesus als Kind – ein Wunderknabe?

Aus dem Kindheitsevangelium des Thomas

■ *Beim »Evangelium des Thomas« (entstanden ca. 150–180 n. Chr.) handelt es sich um eine Sammlung von Legenden über die Kindheit Jesu von seiner Geburt bis zu seinem zwölften Lebensjahr. Der Text wurde nicht in den neutestamentlichen Kanon aufgenommen.*

Als dieser Knabe Jesus fünf Jahre alt geworden war, spielte er an einer Furt eines Baches; das vorbei fließende Wasser leitete er in Gruben zusammen und machte es sofort rein; mit dem bloßen Wort gebot er ihm. Er bereitete sich weichen Lehm und bildete daraus zwölf Sperlinge. Es war Sabbat, als er dies tat. Auch viele andere Kinder spielten mit ihm. Als nun ein Jude sah, was Jesus am Sabbat beim Spielen tat, ging er sogleich weg und meldete dessen Vater Joseph: »Siehe, dein Knabe ist am Bach, er hat Lehm genommen, zwölf Vögel gebildet und hat den Sabbat entweiht.« Als nun Joseph an den Ort gekommen war und es gesehen hatte, da herrschte er ihn an: »Weshalb tust du am Sabbat, was man nicht tun darf?« Jesus aber klatschte in die Hände und schrie den Sperlingen zu: »Fort mit euch!« Die Sperlinge öffneten ihre Flügel und flogen mit Geschrei davon. Als aber die Juden das sahen, staunten sie, gingen weg und erzählten ihren Ältesten, was sie Jesus hatten tun sehen.

Der Sohn des Schriftgelehrten Annas aber stand dort bei Joseph; er nahm einen Weidenzweig und brachte damit das Wasser, das Jesus zusammengeleitet hatte, zum Abfließen. Als Jesus sah, was geschah, wurde er aufgebracht und sprach zu ihm: »Du Frecher, du Gottloser, du Dummkopf, was haben dir die Gruben und das Wasser zuleide getan? Siehe, jetzt sollst auch du wie ein Baum verdorren und weder Blätter noch Wurzeln noch Frucht tragen.« Und alsbald verdorrte jener Knabe ganz und gar. Da machte Jesus sich davon und

ging in das Haus Josephs. Die Eltern des Verdorrten aber trugen diesen, sein Jugendalter beklagend, weg, brachten ihn zu Joseph und machten ihm Vorwürfe: »Solch einen Knaben hast du, der so etwas tut.« [...]

Als nun Joseph den Verstand des Knaben und sein Alter sah, dass er heranreifte, beschloss er noch einmal, dass er der Schrift nicht unkundig bleiben sollte, und er führte ihn hin und übergab ihn einem anderen Lehrer. Der Lehrer aber sprach zu Joseph: »Zuerst will ich ihn im Griechischen unterrichten, dann im Hebräischen.« Denn der Lehrer wusste von der Kenntnis des Knaben und hatte Angst vor ihm. Gleichwohl schrieb er das Alphabet auf, übte es mit ihm eine ganze Weile, und er entgegnete ihm nichts. Dann aber sprach Jesus zu ihm: »Wenn du wirklich Lehrer bist und die Buchstaben recht kennst, so sage mir die Bedeutung des A, und ich will dir die des B sagen.« Der Lehrer jedoch ärgerte sich und schlug ihn auf den Kopf. Der Knabe aber, dem das weh tat, verfluchte ihn, und sofort wurde er ohnmächtig und fiel zu Boden aufs Gesicht. Der Knabe kehrte ins Haus Josephs zurück. Joseph aber wurde traurig und ermahnte seine Mutter: »Dass du ihn mir nicht hinaus vor die Tür lässest! Denn alle, die ihn erzürnen, sterben.«

Darnach starb in der Nachbarschaft Josephs ein krankes Kind, und seine Mutter weinte sehr. Jesus aber hörte, dass große Klage und Lärm anhob, und lief eilig hinzu; und er fand das Kind tot und berührte seine Brust und sprach: »Ich sage dir, stirb nicht, sondern lebe und sei bei deiner Mutter!« Und alsbald schlug es die Augen auf und lachte. Er aber sprach zu der Frau: »Nimm es und gib ihm Milch und denke an mich.« Und als das umstehende Volk das sah, wunderte es sich und sprach: »Wahrlich, dieses Kind ist entweder ein Gott oder ein Engel Gottes; denn jedes Wort von ihm ist eine fertige Tat.« Und Jesus ging weg von dort und spielte mit anderen Kindern.

Oscar Cullmann (Hg.): Kindheitsevangelien, in: Wilhelm Schneemelcher (Hg.): Neutestamentliche Apokryphen in deutscher Übersetzung, Band I: Evangelien, Mohr Siebeck, Tübingen, 5. Auflage 1987, S. 353f. 357–359.

Jan Knap: »Ohne Titel«, 1992.

Wie kommt es zu den Kindheitserzählungen über Jesus?

Ein besonders starkes Interesse richtete sich [sc. im Urchristentum] – je länger, desto mehr – auf Jesu Geburt und Kindheit, aber auch auf seine Eltern und deren Schicksal, auf Ereignisse und Gestalten also, die in der älteren Evangelienüberlieferung eine relativ geringe oder gar keine Rolle gespielt hatten. Dieses Interesse ist freilich alt, schon Matthäus und Lukas haben ihm Rechnung getragen, indem sie bereits vorhandene Erzählungen über Jesu Geburt und deren nähere und weitere Umstände aufnahmen und zu zwei – unter sich stark differierenden – Erzählzyklen, den sog. »Vorgeschichten« Mt 1–2 und Lk 1–2 formten. Aber diese Berichte genügten der frommen und weltlichen Neugier nicht, man wollte aus verschiedenen Gründen mehr und Genaueres wissen. Die produktive Phantasie hat sich dieses Bedürfnisses angenommen und eine ganze Literatur zu seiner Befriedigung geschaffen: die sog. Kindheitsevangelien; so nennt man die zu eigenen Büchern verselbständigten Sammlungen von Kindheitsgeschichten, die sich also von den »Vorgeschichten« des Mt und Lk grundsätzlich dadurch unterscheiden, dass sie von der übrigen Geschichte Jesu gelöst sind und keinen Teil eines Evangelienbuches bilden. […]

Die Kindheitsgeschichten sollen schon den Jesusknaben als den künftigen mächtigen Wundertäter und großen Lehrer, ja als göttliches Wesen erweisen. Solches Bestreben lässt nicht nur fromme Legenden, sondern auch Motive der *theios anär*-Biographie [Biographie von göttlichen Männern] und mythische Elemente in die Darstellung einströmen. Es fällt auf, dass die Erzählungen zeitlich nie weiter gehen als bis zum Zwölfjährigen, die Jünglings- und Mannesjahre aussparen; der Gedanke der Entwicklung hat in der Darstellung eines Gottwesens keinen Raum.

Philipp Vielhauer: Geschichte der urchristlichen Literatur, Verlag Walter de Gruyter, Berlin/New York 1975, S. 665ff.

C – Die Kindheit Jesu

8. Warum stehen die meisten Kindheitsgeschichten nicht im Neuen Testament?

Thomas-Evangelium

Das Buch [= das Thomas-Evangelium] erzählt eine Anzahl Wunder, die Jesus im Alter von fünf bis zwölf Jahren getan hat, und schließt mit der Geschichte vom zwölfjährigen Jesus im Tempel (Lk 2,41ff.), mündet also ebenfalls in den kanonischen Bericht ein. Es will – jedenfalls in seiner heutigen Gestalt – diesen ergänzen durch Anekdoten, die schon im Kinde den künftigen großen Wundermann und weisen Lehrer ahnen lassen sollen. Die Zeit zwischen dem Tempelbesuch des Zwölfjährigen und dem öffentlichen Auftreten des Dreißigjährigen findet kein Interesse. [...] Natürlich will der Verfasser den Jesusknaben nicht als rabiaten, unausstehlichen Bengel zeichnen, sondern als ein Wesen, das durch das Unheimliche und Befremdliche seines Verhaltens seine Umgebung außer Fassung bringt, so dass sie fragt: »Woher stammt dieser Knabe, dass jedes Wort von ihm gleich fertige Tat ist?

Philipp Vielhauer: Geschichte der urchristlichen Literatur, Verlag Walter de Gruyter, Berlin/New York 1975, S. 673ff.

Kanonbildung

Für Jesus und seine Anhänger wie für die ersten Christen nach seinem Tod waren die »Heiligen Schriften« die Bücher der hebräischen Bibel: »Gesetz und Propheten«. Sie wurden später aus christlicher Perspektive als Altes Testament bezeichnet. Denn im Laufe der ersten Jahrhunderte wurden diese Schriften immer stärker unter dem Blickwinkel der Bedeutung Jesu gelesen. Sie wurden als prophetische Vorausdeutung interpretiert und galten in ihren Verheißungen in Jesus erfüllt. So waren die Erzählungen über Jesus das Neue, an dem sich die christliche Verkündigung orientierte. Was über Jesus zunächst mündlich, dann aber auch schriftlich weitergegeben wurde, stand zunächst noch unter dem Eindruck unmittelbarer Erfahrungen mit Jesus, deren »Zeugen« noch lebten. Je weiter zurück die unmittelbare Kenntnis der Geschichte Jesu lag, desto breiter wurde der Strom der Überlieferungen (Worte, Taten und Ereignisse aus seiner Lebensgeschichte). Aus der Vielfalt und natürlich auch Widersprüchlichkeit der Überlieferungen erwuchs die Notwendigkeit, Kriterien für die »echte« Jesus-Überlieferung zu gewinnen. Um das Jahr 200 taucht der Begriff des »novum testamentum« (Neues Testament) auf. Aber noch war das Verzeichnis seiner Bücher offen. Im 4. Jahrhundert beschäftigten sich mehrere Synoden mit der Frage, welche Bücher kirchliche Autorität haben sollten. Der große Kirchenführer und Theologe Athanasius (ca. 295–373 n. Chr.) erstellte schließlich eine Liste aller Bücher des »biblischen Kanons« (Kanon bedeutet »Richtschnur!). Damit war die Kanonbildung weitgehend abgeschlossen. Die wichtigsten Kriterien für die Zugehörigkeit einzelner Bücher lagen in der Autorität der Zeugen und dem Bezug auf die zentrale Botschaft Jesu. Seit die Epoche der Aufklärung die Autorität Heiliger Schriften zu hinterfragen begonnen hat, gibt es eine Diskussion um die Bedeutung der Kanonbildung. Ist in ihr die Inspiration Gottes (die Lenkung durch den Heiligen Geist) wirksam geworden? Oder ist die Kanonbildung ein zufälliges Produkt menschlicher Erkenntnis und menschlichen Irrtums?

Apokryphen

Über die Apokryphen des Alten Testamentes hat Martin Luther gesagt, dass sie »der heiligen Schrift nicht gleich gehalten und doch nützlich und gut zu lesen sind«. Sie wurden zwar aus der kirchlichen Sammlung verbindlicher »heiliger Schriften« ausgeschlossen, doch sind sie in der Regel in der geistigen Nähe zu diesen entstanden. Und es wurde in einem langen Prozess darüber entschieden, ob sie innerhalb oder außerhalb der Sammlung bleiben sollten.

Bei den neutestamentlichen Apokryphen geht es »um Schriften, die sehr früh, zu einem kleinen Teil schon vor Abschluss der Kanonbildung am Ende des 2. und im Verlauf des 3. Jh., aus dem kirchlichen Gebrauch ausgeschieden wurden und nun bei Gruppen außerhalb der Großkirche ein Sonderdasein führten, oder aber um Werke, die aus unterschiedlichen Motiven sich der Formen und Gattungen des NT bedienten, um belehrend, unterhaltend oder werbend zu wirken« (Wilhelm Schneemelcher).

Viele dieser apokryphen Schriften beschäftigen sich mit Gestalten, die im NT wenig oder gar nicht vorkommen, über die man aber gerne mehr wüsste. So spielen Joseph und Maria, die Mutter Marias »Anna« oder die Geschwister Jesu oft eine herausragende Rolle. In der Volksfrömmigkeit spielten diese Erzählungen trotz des kirchlichen Misstrauens eine große Rolle. Im ausgehenden Mittelalter waren sie oft bekannter als die eigentlich neutestamentlichen über Jesus. (Kunsthistoriker, die mittelalterliche Bilder und Skulpturen verstehen wollen, sollten diese Erzählungen deshalb gut kennen!) Besonders phantasievoll ist in diesem Schrifttum auch die Kindheit Jesu dargestellt. Man kann an diesen Erzählungen gut nachvollziehen, aus welchen Motiven sie entstanden und mit der Gestalt Jesu verbunden wurden. Man kann aber auch erkennen, aus welchen Gründen sie von der Kirche ausgeschieden wurden.

*Albrecht Dürer: Der zwölfjährige Jesus im Tempel, um 1495.
Foto: © Artothek.*

Und seine Eltern gingen alle Jahre nach Jerusalem zum Passafest. Und als er zwölf Jahre alt war, gingen sie hinauf nach dem Brauch des Festes. Und als die Tage vorüber waren und sie wieder nach Hause gingen, blieb der Knabe Jesus in Jerusalem und seine Eltern wussten's nicht. Sie meinten aber, er wäre unter den Gefährten, und kamen eine Tagereise weit und suchten ihn unter den Verwandten und Bekannten. Und da sie ihn nicht fanden, gingen sie wieder nach Jerusalem und suchten ihn. Und es begab sich nach drei Tagen, da fanden sie ihn im Tempel sitzen, mitten unter den Lehrern, wie er ihnen zuhörte und sie fragte. Und alle, die ihm zuhörten, verwunderten sich über seinen Verstand und seine Antworten. Und als sie ihn sahen, entsetzten sie sich. Und seine Mutter sprach zu ihm: Mein Sohn, warum hast du uns das getan? Siehe, dein Vater und ich haben dich mit Schmerzen gesucht. Und er sprach zu ihnen: Warum habt ihr mich gesucht? Wisst ihr nicht, dass ich sein muss in dem, was meines Vaters ist? Und sie verstanden das Wort nicht, das er zu ihnen sagte. Und er ging mit ihnen hinab und kam nach Nazareth und war ihnen untertan.

Lukas 2,41–51a

Der zwölfjährige Jesus im Tempel: Zwei Deutungen

Die biblische Erzählung vom zwölfjährigen Jesus im Tempel war in der Malerei quer durch die Jahrhunderte ein beliebtes Motiv. Es ist die einzige Erzählung, die uns in den Evangelien aus der Kindheit Jesu überliefert ist. Und sie ist bei näherem Hinsehen voller Hinweise auf Jesu späteres Schicksal und seine Bedeutung. Auf dieser Seite stehen sich zwei Darstellungen aus unterschiedlichen Epochen gegenüber:
Albrecht Dürer malte das Bild zwischen 1494 und 1497, also wenige Jahre vor der Reformation. Dürer kommt es vor allem darauf an, Jesus Christus in den Zusammenhang der Heiligen Schrift zu rücken. Damit verweist das Bild die Schriftgelehrten auf die »richtige« Auslegung.
Ungefähr 150 Jahre älter ist das Bild des italienischen Malers Simone Martini. Obgleich der Goldgrund dem Geschehen eine Aura des Heiligen verleiht, lässt das 1342 gemalte Bild doch erahnen, welcher Familienkonflikt sich hinter Jesu Abwesenheit im Tempel abgespielt haben könnte.

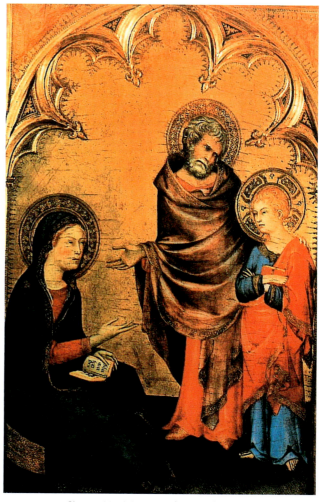

Simone Martini: Die Heilige Familie, 1342.

C – Die Kindheit Jesu

D Jesu Taufe

Die Erzählung der Taufe Jesu führt uns hinein in eine der zentralen Fragen der Christologie: warum, wann und wie wurde Jesus zum Christus und »Sohn Gottes«? Wenn die Weihnachtsgeschichten zeigen wollen, dass Gott seinen Sohn in die Welt schickt, so lässt sich die Geschichte von Jesu Taufe so lesen, dass Gott Jesus erst durch diesen Akt zum Sohn adoptiert habe. Beide Lesarten wurden in der Alten Kirche kontrovers diskutiert, bis sich schließlich die Inkarnationschristologie mehrheitlich durchgesetzt hat, in der Jesus von Anfang an »Sohn« ist. Trotzdem ist die »adoptianische« Variante natürlich spannend, weil sich mit ihr die Frage stellt, nach welchen Gesichtspunkten denn überhaupt einer »erwählt« werden kann. Dass und wie so etwas inszeniert werden kann, zeigt nicht zuletzt ein Film wie »Matrix«. Wenn wir uns heute Gedanken machen, wie wir das Geheimnis verstehen sollen, dass einer als »normaler Mensch« auftrat, dem schon die Zeitgenossen offenbar seine Besonderheit abgespürt haben, und gleichzeitig darüber nachdenken, wer dieser Jesus für uns heute sein kann, kommen wir an solchen Fragen nicht vorbei.

9. Wie wird man zum Auserwählten?

Neo, Held des Films »Matrix«

■ Der Film »Matrix« entwirft die Szenerie einer von Computer-Maschinen beherrschten Welt, in der die Menschen nur noch als Energielieferanten der Maschinen existieren. Perfekte Computersimulationen täuschen im Gehirn dieser Menschen ein Scheinleben vor. Nur eine kleine Gruppe von Widerstandskämpfern weiß um dieses furchtbare Geheimnis und versucht die »Menschenwelt« wieder herzustellen. Der Kampf gegen die »Matrix« ist aber fast aussichtslos und nur ein »Auserwählter« könnte fähig sein, diesen Kampf zu gewinnen.
Neo ist der Hoffnungsträger der letzten wirklichen Menschen, die der »Matrix« Widerstand leisten. Morpheus, ihr Anführer, will ihn zum Orakel, einer älteren Frau, bringen, um zu erfahren, ob er nun der erhoffte Retter ist. »Sie ist ein Wegweiser. Sie hilft dir, deinen Weg zu finden«, gibt er Neo mit auf den Weg. Neo wird zu ihr in die Küche gebracht.

Orakel: Du bist Neo, ich weiß. Ich bin gleich bei dir.
Neo: Sind Sie das Orakel?
Orakel: Bingo! – Du hattest etwas anderes erwartet, nicht wahr? (Sie macht sich am Backofen zu schaffen.) Mmmm. Gleich sind sie fertig. Duftet köstlich, was? – Ich würde dir gern einen Stuhl anbieten, aber du möchtest dich ja sowieso nicht setzen. Und wegen der Vase mach dir keine Sorgen.
Neo: Welche Vase? (Er stößt an eine Vase, die auf den Boden fällt und zerbricht.)
Orakel: Diese Vase.
Neo: Tut mir leid.
Orakel: Ich sag dir doch, mach dir keine Sorgen. Eins meiner Kinder macht sie schon wieder ganz.
Neo: Woher wussten Sie das?
Orakel: Viel quälender wird für dich später die Frage sein: Hättest du sie auch zerbrochen, wenn ich nichts gesagt hätte? – Du bist niedlicher, als ich dachte. Jetzt weiß ich, warum sie dich gern hatte.

Filme wie »Matrix« zeigen einen charismatischen Retter und Heilsbringer, der nicht nur zufällige Parallelen zur Geschichte Jesu aufweist. Selbst in so scheinbar willkürlichen Details wie der Gestalt des Vorläufers finden sich Analogien. So hat vor allem Morpheus, der Anführer der Widerstandsgruppe, Ähnlichkeiten mit Johannes dem Täufer. – Foto © picture-alliance/kpa.

Neo: Wer?
Orakel: Der Schlauste bist du ja nicht. Du weißt, wieso Morpheus dich zu mir gebracht hat?
(Neo nickt.)
Und – was denkst du? Meinst du, du bist der Auserwählte?
Neo: Ehrlich, ich weiß es nicht.
Orakel: (Zeigt auf einen Spruch an der Wand.) Weißt du, was das bedeutet? Das ist Lateinisch und heißt »Erkenne dich selbst!« Ich verrate dir ein kleines Geheimnis: Auserwählt zu sein ist genau so wie verliebt sein. Niemand kann dir sagen, dass du es bist. Du weißt es einfach. Es fließt durch dich hindurch. Vom Scheitel bis zur Sohle.
Tja, dann will ich dich mal ansehen. Mach deinen Mund auf und sag »Ah«.
Neo: Ah Aaaah Aaaaah!
Orakel: Also. Jetzt sollte ich vermutlich sagen: Aham, sehr interessant, aber … Dann sagst du …
Neo: Was?
Orakel: Aber du weißt bereits, was ich dir sagen werde, Neo.
Neo: Ich bin nicht der Auserwählte.
Orakel: Leider nicht. Du hast die Gabe. Aber es sieht so aus, als würdest du auf etwas warten.
Neo: Auf was?
Orakel: Auf dein nächstes Leben vielleicht. Wer weiß? Tja, so ist das nun mal. Warum lachst du?
Neo: Wegen Morpheus. Er hatte mich fast schon überzeugt.
Orakel: Ich weiß. – Armer Morpheus. Ohne ihn sind wir verloren.
Neo: Wie meinen Sie das? Was passiert mit ihm?
Orakel: Willst du das wirklich hören? – Morpheus glaubt an dich, Neo, und weder du noch ich noch sonst jemand könnte ihm das jemals ausreden. Er glaubt so felsenfest an dich, dass er sein Leben eines Tages opfern wird, um deines zu retten.
Neo: Was?
Orakel: Du hast die Wahl. Entweder du versuchst Morpheus das Leben zu retten oder du entscheidest dich für dein eigenes. Auf einen von euch wartet der Tod. Wer das sein wird, hängt ganz von dir ab. Tut mir leid, Kleiner, tut mir wirklich leid. Du hast eine gute Aura. Und guten Seelen überbringe ich ungern schlechte Kunde.
Nun komm, mach dir keine Sorgen. Ich schwör dir, sobald du durch diese Tür gehst, fühlst du dich gleich viel besser. Du glaubst doch gar nicht an das Geschwafel vom Schicksal, wenn du ehrlich bist. Du hast dein Leben selbst unter Kontrolle. War's nicht immer so? – Hier, iss einen Keks. Ich verspreche dir, sobald du ihn gegessen hast, fühlst du dich wie ein Fisch im Wasser.

Unmittelbar nach dieser Szene schnappt die Falle der Matrix zu.

Dialogtext der deutsch synchronisierten Fassung des Films.

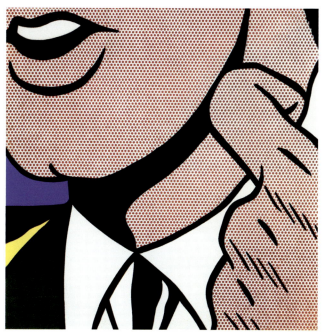

Roy Lichtenstein: Halbes Gesicht mit Hemdkragen, 1963. © VG Bild-Kunst, Bonn 2008.

Die charismatische Persönlichkeit

Das griechische Wort *chárisma* (Gnadengabe) hatte ursprünglich einen religiösen, paulinischen Bedeutungshorizont. Gemeint war die Fähigkeit, andere Menschen inspirieren, überzeugen und führen zu können. Wer diese Gabe besaß, hatte das Zeug zu einer messianischen Figur, zum Propheten, zum Helden oder Heiligen.
Der Charismabegriff ist deshalb immer eng verknüpft gewesen mit einer bestimmten Geschichtstheorie: mit dem Mythos des großen Einzelnen, der kraft seiner Ausstrahlung die Massen bewegt und den Lauf der Geschichte verändert.
Der Soziologe Max Weber sah im Charisma eine besondere Begabung in der Menschenführung: »Charisma soll eine als außeralltäglich geltende Qualität einer Persönlichkeit heißen, um derentwillen sie als mit übernatürlichen oder übermenschlichen oder zumindest spezifisch außeralltäglichen, nicht jedem anderen zugänglichen Kräften oder Eigenschaften begabt oder als gottgesandt oder als vorbildlich und deshalb als ›Führer‹ gewertet wird.«
Heute ist der Charismabegriff weitgehend säkularisiert und banalisiert. Im Zeitalter der demokratischen Massen- und Mediengesellschaft hat er seine ursprüngliche Bedeutung als »göttliche Gnadengabe« verloren. Als charismatisch gelten oft schon Menschen, die unsere Aufmerksamkeit etwas länger fesseln können als andere und die unsere Fantasie für einen magischen Moment entzünden.

Axel Wolf: Charisma. Die außeralltägliche Gabe, in: Psychologie heute, Heft 10/Oktober 2005, S. 20.

10. »Du bist mein lieber Sohn …«

Andrea del Verrocchio: Taufe Christi, um 1475.

Zu der Zeit kam Jesus aus Galiläa an den Jordan zu Johannes, dass er sich von ihm taufen ließe. Aber Johannes wehrte ihm und sprach: Ich bedarf dessen, dass ich von dir getauft werde, und du kommst zu mir? Jesus aber antwortete und sprach zu ihm: Lass es jetzt geschehen! Denn so gebührt es uns, alle Gerechtigkeit zu erfüllen. Da ließ er's geschehen.
Und als Jesus getauft war, stieg er alsbald herauf aus dem Wasser. Und siehe, da tat sich ihm der Himmel auf, und er sah den Geist Gottes wie eine Taube herabfahren und über sich kommen. Und siehe, eine Stimme vom Himmel herab sprach: Dies ist mein lieber Sohn, an dem ich Wohlgefallen habe.

Matthäus 3,13–17

Jesus und Johannes der Täufer

Jesus verdankt seinem Lehrer [Johannes dem Täufer] Grundzüge seiner Verkündigung und seines Selbstverständnisses. Sein Verhältnis zu ihm ist durch Anknüpfung und Widerspruch geprägt. Nach Überzeugung des Täufers war Gott dabei, durch eine »messianische« Mittlergestalt (ohne Titel) endgültig in die Geschichte einzugreifen, um sein Gericht durchzuführen. Die Taufe war ein Heilsangebot in letzter Minute: eine symbolische Handlung, um die Ernsthaftigkeit der Umkehr zu beweisen, die Gott akzeptieren wollte – auch wenn nicht mehr viel Zeit für ein von Umkehr geprägtes Leben blieb. Bei Jesus wird aus dieser futurischen Nächst-Erwartung die Gewissheit, dass Gottes endgültiges Eingreifen schon begonnen hat – nicht zum vernichtenden Gericht, sondern zum Heil. Das mythische Böse war schon besiegt, der Satan aus dem Zentrum der Wirklichkeit entfernt. Die Wunder der Endzeit geschahen schon jetzt. Der Mensch hat noch Zeit: Gott gibt ihm die Chance, durch Umkehr das ethisch Böse zu überwinden. Vielleicht hat sich Jesus auch das Gericht als Schlusspunkt einer Entwicklung vorgestellt, in der das Böse überwunden wird, denn die Ernte, die der Täufer als Hereinbrechen des Strafgerichts erwartet, vollzieht sich schon in der Verkündigung Jesu und seiner Jünger (Mt 9,37f.). Unweigerlich musste sich daher die Frage stellen: War Jesus selbst der erwartete Kommende? Jesus musste sich mit ihr auseinandersetzen. Sie dürfte der Schlüssel zu seinem Selbstverständnis sein: Zwei Merkmale haben es wahrscheinlich nachhaltig geprägt. Einerseits war der »Kommende« eine Mittlergestalt ohne christologischen Titel. Viel spricht dafür, dass Jesus gegenüber allen Hoheitstiteln Vorbehalte hatte. Das wäre bei seiner engen Anlehnung an den Täufer verständlich. Andererseits war Jesus in seinem Auftreten ganz anders als der angekündigte Kommende. Anstatt als Richter trat er als Wundercharismatiker mit einer Heilsbotschaft für die Armen und Marginalisierten auf. Musste sich von daher nicht tief in sein Bewusstsein einprägen: Das Heil kommt anders als erwartet. Musste nicht auch die »messianische Mittlergestalt« anders sein als alle messianischen Erwartungen?

Gerd Theißen / Annette Merz: Der historische Jesus, Vandenhoeck & Ruprecht, Göttingen, 3. Auflage 2001, S. 197f.

Das Verständnis des eigenen Auftrags

Man muss davon ausgehen, dass die Zeit des öffentlichen Hervortretens Jesu nur kurz war, auch wenn sie vielleicht nicht nur ein Jahr umfasste. Es ist sicher, dass er mit einem fest umrissenen Bewusstsein seiner Aufgabe und ihrer Begründung an die Öffentlichkeit trat und dass dieses Bewusstsein sich durchhielt bis zu seinem Ende in Jerusalem. Über die Zeit aber bis zu seinem ersten öffentlichen Auftreten wissen wir gar nichts. [...] Erst mit der Taufe Jesu durch Johannes den Täufer erreichen wir einen Punkt, an dem die Geschichte Jesu in helleres Licht tritt. Und da spricht nun alle Wahrscheinlichkeit dafür, dass dieses Geschehen, die Taufe durch Johannes, von entscheidender Bedeutung für das Verständnis des eigenen Auftrags gewesen ist. Die neutestamentliche Überlieferung jedenfalls hat diesem Ereignis einhellig eine grundlegende Funktion zugeschrieben: In dem Geschehen der Taufe bekennt sich Gott zu Jesus als seinem Sohn; der Himmel steht über ihm offen, und der Geist Gottes kommt auf ihn herab (Markus 1,9–11; vgl. Johannes 1,32). Deutlich ist diese Geschichte als die Darstellung der Einsetzung Jesu zum Christus, zum endzeitlichen Heilbringer Gottes ausgestaltet worden. Das geht sicher nicht ohne Weiteres in dem Sinne auf die Stunde der Taufe Jesu im Jordan zurück, dass Jesus, der Täufer oder die unmittelbaren Zeugen dieses Geschehens das wahrgenommen hätten, was später darüber berichtet wurde. Gleichwohl muss dieses Ereignis für Jesus fundamentale Bedeutung gehabt haben.

Traugott Holtz: Jesus aus Nazareth, Calwer Verlag, Stuttgart 1999, S. 116f.

Christologie von oben – Christologie von unten

Die Steigerung des historischen Jesus zu einer Gottheit geschah mit Hilfe des religiösen Sinnes. Eine vergängliche Erscheinung, die unter einschränkenden Bedingungen gelebt hat, wurde als Erscheinung eines Ewigen, Unbedingten und Fordernden gedeutet und dadurch mit jener mythischen Aura umgeben, die nur einem göttlichen Wesen zukommt. Wichtig ist: Sie wurde von dieser mythischen Aura nicht aufgesogen. Vielmehr erkennen wir hinter den Überlieferungen von Jesus noch immer den galiläischen Wanderprediger, der sich am Anfang von Johannes dem Täufer taufen ließ, dann selbständig mit einer Botschaft vom nahenden Gottesreich auftrat, mit ihr erfolgreich Außenseiter ansprach, die Autoritäten gegen sich aufbrachte, um am Ende von den Römern hingerichtet zu werden. Die Erinnerung an ihn hat sich unauslöschlich in die Überlieferung eingeprägt. Von Anfang an bezog man sich auf ihn als auf eine konkrete Gestalt irdischer Geschichte, die sterblich, bedingt und unfrei war. Aber diese irdische Gestalt wurde nach seinem Tod in eine »hohe Christologie« integriert, die aufgrund der Ostererscheinungen in ihr mehr als einen Menschen sah, den Sohn Gottes, der die entscheidende Wende zum Heil in der Geschichte zwischen Gott und den Menschen herbeigeführt hatte. Man sah in ihm ein göttliches Wesen, das vom Himmel herabgestiegen war, um die Welt zu erlösen: den Logos vor allen Zeiten, der in die Zeit kam; den über allen Menschen stehenden Sohn Gottes, der menschlichen Bedingungen unterworfen wurde; den Freien, der einer Welt von Unfreiheit ausgeliefert wurde. Diese Christologie entspricht der inneren Struktur des menschlichen Selbst: eines Selbst, in dem ein Sinn für Ewiges, Unbedingtes und Freiheit lebendig ist – aber das sich unwiderruflich der Vergänglichkeit, den Bedingungen und Zwängen der Welt ausgesetzt sieht.

Gerd Theißen: Zur Bibel motivieren, Gütersloher Verlagshaus in der Verlagsgruppe Random House, Gütersloh 2003, S. 136.

D – Jesu Taufe

E Der Mann aus Nazareth

Ist Jesus als verheirateter Mann in Indien gestorben? Oder hat er etwa überhaupt nicht gelebt? Jeder reale oder angebliche Fund von Realien aus der Zeit Jesu wird zum Anlass für ein reißerisches Buch oder zumindest für Schlagzeilen in einigen Zeitschriften. Was wissen wir wirklich bzw. was können wir wissen? Im Hinblick auf Ereignisse der Antike ist es einerseits erstaunlich, wie viel wir nach 2000 Jahren rekonstruieren können. Anderseits sind die Nachrichten dann doch immer auch lückenhaft und von einseitigen Sichtweisen geprägt, da es immer auch von den Vorverständnissen heutiger Interpreten abhängt, wie die Quellen gewichtet werden. In einer Welt, in der griechisches Denken (Hellenismus), römische Herrschaft und jüdischer Glaube immer irgendwie mit- und gegeneinander wirkten, ist es fast unmöglich, eindeutig und endgültig zu bestimmen, wie etwa das Judentum in Palästina genau ausgesehen hat und wie genau Jesus und seine Anhänger dort zu verorten sind. Albert Schweitzer meinte einmal, die Bücher über Jesus sagten mehr über ihre eigene Zeit als über Jesus. Trotzdem hat auch er versucht herauszufinden, wie es wirklich gewesen ist.

11. Perspektiven historischer Forschung

Rudolf Bultmann: Wir wissen so gut wie nichts über seine Persönlichkeit

■ *Rudolf Bultmann (1884–1976) gehört zu den bedeutendsten Theologen des 20. Jahrhunderts. In seinem Buch »Jesus« (1926) geht es Bultmann ausdrücklich nicht darum, Jesus als historische Figur zu untersuchen, sondern den Anspruch seiner Verkündigung zu erfassen.*

Denn freilich bin ich der Meinung, dass wir vom Leben und von der Persönlichkeit Jesu so gut wie nichts mehr wissen können, da die christlichen Quellen sich dafür nicht interessiert haben, außerdem sehr fragmentarisch und von der Legende überwuchert sind, und da andere Quellen über Jesus nicht existieren. Was seit etwa anderthalb Jahrhunderten über das Leben Jesu, seine Persönlichkeit, seine innere Entwicklung und dergleichen geschrieben ist, ist – soweit es nicht kritische Untersuchungen sind – phantastisch und romanhaft. […]. Bedenkt man, wie sehr die Urteile darüber auseinandergehen, ob Jesus sich für den Messias gehalten hat oder nicht, und wenn, in welchem Sinne er es getan hat, seit wann usw., und bedenkt man weiter, dass es doch wahrhaftig keine Kleinigkeit wäre, sich für den Messias zu halten, dass vielmehr der, der sich dafür hielt, in seinem ganzen Wesen entscheidend dadurch bestimmt gewesen sein muss, so muss man doch gestehen: Wenn über diesen Punkt Dunkel herrscht, so bedeutet das eben, dass wir so gut wie nichts über seine Persönlichkeit wissen. Ich persönlich bin der Meinung, dass Jesus sich nicht für den Messias gehalten hat, bilde mir aber nicht ein, um deswillen ein deutlicheres Bild von seiner Persönlichkeit zu haben.
Ich habe aber in der folgenden Darstellung diese Frage überhaupt nicht berücksichtigt, und zwar im letzten Grunde nicht deshalb, weil sich darüber nichts Sicheres sagen lässt, sondern weil ich die Frage für nebensächlich halte.

Denn mag es auch gute Gründe geben, aus denen man sich für die Persönlichkeit bedeutsamer geschichtlicher Gestalten interessiert, sei es Platon oder Jesus, Dante oder Luther, Napoleon oder Goethe, so trifft dieses Interesse jedenfalls nicht das, woran all diesen Personen gelegen war, denn ihr Interesse war nicht ihre Persönlichkeit, sondern ihr Werk.

Rudolf Bultmann: Jesus, Mohr Siebeck, Tübingen 1983, S. 10f.

Jürgen Becker: Hinter die Osterereignisse zurückfragen

■ *Jürgen Becker ist Professor für Neues Testament an der Universität Kiel und Autor eines Buches zu »Jesus von Nazaret«.*

Klar sollte sein, dass der historisch-kritische Umgang des Christentums mit seinem Ursprung um der Wahrheit des Christentums willen fortgesetzt werden muss. Sich aus der Diskussion der historischen Vernunft auszuklinken, ist kein gangbarer Weg. Dieser positive Ansatz der Leben-Jesu-Forschung ist vielmehr unter den Bedingungen des gegenwärtigen Diskussionsstandes fortzuschreiben. So lässt er sich nämlich gerade auch für den ökumenischen und interreligiösen Dialog fruchtbar machen. Die Distanz zum eigenen Ursprung schafft freie Augen für die eigene, geschichtlich gewordene Position und eröffnet damit ein weniger verfestigtes Beharren auf dem eigenen Standpunkt. Sie zwingt zur Bescheidenheit und Argumentation unter dem letzten Vorbehalt eines möglichen Irrtums. […]
Diejenigen, die Jesus von Nazaret dem Dunkel der Geschichte überlassen wollen, müssen im Übrigen nicht nur dies angesichts der Jesustraditionen selbst begründen, sondern vor allem auch ihr Gesamtverständnis des Urchristentums mit zur Diskussion stellen. Es gibt zweifelsfrei auch ein überzogenes Vertrauen in die gestalterischen Kräfte der nachösterlichen Gemeinden, das aus dem Vorurteil erwächst, es sei ein theologischer Sündenfall, wenn man hinter die Osterereignisse zurückfragt.

Jürgen Becker: Jesus von Nazaret, Verlag Walter de Gruyter, Berlin/New York 1996, S. 3–6.

Kriterien der Jesusforschung

Einig sind sich die Neutestamentler darin, dass zum Verständnis des historischen Jesus jüdische Quellen wichtig sind. Denn Jesus war unbestritten Jude. Umstritten ist nun aber, ob sich die Botschaft Jesu eher aus der Übereinstimmung mit dem damaligen Judentum erklären lässt oder aus der Differenz zum damaligen Judentum. Der Standpunkt, den die Wissenschaftler hier einnehmen, entscheidet darüber, wie sie die jüdischen Quellen und die Botschaft Jesu interpretieren. Das Bild, das sie vom historischen Jesus zeichnen, fällt unterschiedlich aus, obwohl sie dieselben Quellen heranziehen. Bei der Frage, wie wir entscheiden können, was uns biblische Texte über den historischen Jesus verraten, wenden einige Forscher das sog. Differenzkriterium, andere das sog. Plausibilitätskriterium an.

Das Differenzkriterium besagt: Echtes Jesusgut ist, was weder aus dem Judentum noch aus dem Urchristentum abgeleitet werden kann, bzw. was sich weder »in das jüdische Denken noch in die Auffassung der späteren Gemeinde einfügen lässt« (Hans Conzelmann). Das Plausibilitätskriterium besagt: »Historisch ist in den Quellen das, was sich als Auswirkung Jesu begreifen lässt und gleichzeitig nur in einem jüdischen Kontext entstanden sein kann« (Gerd Theißen/Annette Merz).

Die heilige Veronika mit dem Schweißtuch Christi, um 1420.

Das Gleichnis von den Arbeitern im Weinberg (Mt 20,1–15), ausgelegt nach unterschiedlichen Kriterien

1. Jesu Gleichnis vom gütigen Arbeitgeber ist nur eines von zahlreichen jüdischen Gleichnissen, die das Bildfeld »Lohn« aktualisieren und vergleichbare Erzählstrukturen, Personen und Rollen aufweisen. […] Immer stehen einem Arbeitgeber, der eine stehende Metapher für Gott ist und als »Hausherr« oder »König« erscheint, Menschen gegenüber, die für ihn arbeiten, kurze oder lange Zeit, dabei tüchtig oder faul sind und einen vereinbarten oder offen gehaltenen Lohn erwarten oder bekommen. Die Aktualisierungen unterscheiden sich dabei sehr stark, ebenso die theologischen Fragen, zu deren Beantwortung das Gleichnis jeweils angeführt wird. […] Das Gleichnis wurzelt in allen einzelnen inhaltlichen und sprachlich-formalen Aspekten in jüdischen Traditionen und ist zugleich als poetisches Gesamtkunstwerk unverwechselbarer Ausdruck der Botschaft Jesu.

Gerd Theißen/Annette Merz: Der historische Jesus, Vandenhoeck & Ruprecht, Göttingen, 3. Auflage 2001, S. 305.307.

2. Innerhalb dieser Gemeinsamkeiten [mit rabbinischen Parallelen] fällt das Besondere an Mt 20,1ff. auf: Keine der jüdischen Parallelen behandelt erstens einen Konflikt zwischen Lohn und Güte in der Weise wie Mt 20,1ff. Keine besitzt darum eine Analogie zur doppelten Schlussfrage 20,15.

Alle rabbinischen Texte vergleichbarer Art sind zweitens unter der Bedingung regelhafter, also wiederholbarer Normen gestaltet. […] Anders liegen die Verhältnisse in Mt 20: Das Geschehen der erzählten Welt ist nicht wiederholbar. Denn wenn sich herumspricht, was der Weinbergbesitzer tut, nämlich Einstundenarbeiter und Tagesarbeiter gleich zu bezahlen, bekommt er am nächsten Werktag nur noch Einstundenlöhner, so dass die Gesamtarbeit nicht fertig und die partiell geleistete Arbeit zu teuer wird. […] Die Einmaligkeit der Situation samt dem nur einmal funktionierenden Walten der Güte sind also für Mt 20,1ff. konstitutiv.

Alle rabbinischen Gleichnisse folgen drittens nur einer von zwei Leitfragen: Wann ist ein Lohn vergleichsweise gerecht? Unter welchen Bedingungen zahlt der Arbeitgeber Lohn aus Pflicht, bzw. gebührt ihm Dank? Die Frage in Mt 20 lautet anders: Kann man wirklich frei verfügter Güte gegenüber Widerspruch anmelden oder muss man sich von ihr nicht ein neues Lebensverständnis erschließen lassen? (Umgekehrt ebnet C. Hezser die Parabel aus Mt 20 so vollständig in die jüdischen Materialien ein, dass sie sogar die Metapher »Arbeit« mit der Einhaltung der Toragebote identifiziert.)

Dieser auf drei wesentliche Punkte konzentrierte Vergleich eröffnet durch die Einsicht in die Sonderstellung von Mt 20,1ff. die Möglichkeit, die Zuweisung der Parabel an Jesus zu begründen.

Jürgen Becker: Jesus von Nazaret, Verlag Walter de Gruyter, Berlin/New York 1996, S. 300f.

12. Das Leben Jesu

Orte und Erzählungen

Mit den Orten und Erzählungen, die sich um Jesus ranken, ist es wie mit allem anderen, was die Evangelien über ihn zu sagen haben: Es handelt sich um ein Gemisch aus historischen Erinnerungen und Glaubenaussagen in erzählender Form. Einige Ereignisse aus dem Leben Jesu sind fest mit bestimmten Orten verbunden. Die Evangelien berichten einhellig, dass Jesus sich im Jordan taufen ließ (Mk 1,9–11 par.) und dass er in Jerusalem gekreuzigt wurde (Mk 11,1ff. par.). Es gibt keinen Grund, diese Angaben anzuzweifeln. Die meisten Traditionen, die Jesus betrafen, wurden jedoch zunächst überliefert, ohne sie mit einem bestimmten Ort des Wirkens Jesu zu verbinden. Die ersten Nachfolger Jesu bewahrten v.a. einzelne Aussprüche Jesu (Logien) sowie seine Parabeln und Gleichnisse im Gedächtnis. Sie wussten darum, dass Jesus Menschen geheilt und mit ihnen Mahlgemeinschaft gehalten hatte. Für diese ersten Tradenten war es aber unwichtig, wo Jesus jeweils geredet und gewirkt hatte. Erst die Evangelisten spannen die einzelnen Traditionen wieder in einen geographischen und chronologischen Rahmen ein. Das heißt: Die Erinnerungen an Jesus wurden zunächst von ihrem örtlichen und zeitlichen Rahmen abgekoppelt und dann – um das Jahr 70 und später – in einen neuen örtlichen und zeitlichen Kontext eingebettet. Deshalb behauptet ein moderner Historiker: »Die christliche Topographie ist eine reine Fiktion. Die heiligen Stätten kommemorieren [erinnern] nicht durch Zeitzeugen gesicherte Fakten, sondern Glaubensideen, die in ihnen ›nachträglich‹ Wurzeln schlagen.«

Was damit gemeint ist, lässt sich an der Frage demonstrieren, wo Jesus geboren wurde. Das Lukas- und das Matthäusevangelium erzählen übereinstimmend, dass Jesus in Bethlehem geboren wurde (Mt 2,1–12; Lk 2,1–21). Bibelwissenschaftler bezweifeln, dass diese Angabe historisch korrekt ist. Denn weder Markus noch Johannes scheinen etwas von dieser Geburt in Bethlehem zu wissen. Für sie kommt Jesus schlicht »aus Nazareth« (Mk 1,24; 10,47; 16,6). Wie aber kommen Matthäus und Lukas dann darauf, die Geburt Jesu nach Bethlehem zu verlegen? Die ganze Geburtsgeschichte ist ein Stück erzählter Christologie, also eine Glaubensgeschichte, die davon handelt, wer Jesus für die Christen ist. Die Verortung dieser Geschichte in Bethlehem dient ebenfalls einem christologischen Zweck. In Micha 5,2 ist uns folgender prophetischer Ausspruch überliefert: »Und du, Bethlehem Ephrata, du kleinste unter den Gegenden Judas, aus dir soll mir hervorgehen, der Herrscher in Israel werden soll.« Indem Matthäus und Lukas von der Geburt Jesu in Bethlehem erzählen, formulieren sie eine »Glaubensidee«: Bei diesem Jesus handelt es sich um den »Herrscher in Israel«, den schon der Prophet Micha angekündigt hat.

Die Botschaft Jesu

Warum ließ sich Jesus von Johannes taufen? Wahrscheinlich doch deshalb, weil er von dessen Botschaft überzeugt war. Die Botschaft von Johannes dem Täufer ist uns in Mt 3,7–10; Lk 3,7–9 überliefert. Offensichtlich war der Täufer überzeugt davon, dass das göttliche Strafgericht unmittelbar bevorstand. Seiner Meinung nach war ganz Israel verloren. Deshalb war es so wichtig, umzukehren. Diese Überzeugung findet sich auch in einzelnen Aussprüchen Jesu (vgl. Lk 13,1–5; Lk 17,34f.; Lk 3,8f.). Offenbar war also auch Jesus der Meinung, dass Israel unmittelbar vor dem göttlichen Strafgericht stand und unbedingt umkehren musste.

Allerdings trennte sich Jesus nach einer Weile von Johannes dem Täufer und sammelte eine eigene Jüngerschar um sich (Mk 1,14ff.). Die Evangelien begründen diese Trennung damit, dass Johannes gefangen gesetzt wurde. Die Botschaft Jesu, wie sie uns in den Evangelien überliefert ist, lässt aber vermuten, dass Jesus inhaltlich nicht voll mit Johannes übereinstimmte und deshalb selbst umherzog und predigte. Anders als Johannes der Täufer war Jesus nämlich der Überzeugung, dass sich die Gottesherrschaft bereits in der Gegenwart Bahn brach. Diese Überzeugung steckt in dem Ausspruch Jesu: »Wenn ich mit dem Finger Gottes die Dämonen [die Diener des Satans] austreibe, so ist das Reich Gottes zu euch gekommen« (Lk 11,20 / par. Mt 12,28). Für Jesus war die Gegenwart also nicht eine reine Unheilszeit. In seinen Dämonenaustreibungen, seinen Mahlgemeinschaften und seinen Gleichniserzählungen konnten die Menschen bereits etwas vom Gottesreich erfahren. Man bezeichnet diese Auffassung, nach der das Gottesreich schon in der Gegenwart (ansatzweise) Wirklichkeit ist, als »präsentische Eschatologie«. Die Vorstellung solch einer präsentischen Eschatologie war für die damalige Zeit ungewöhnlich. Das Judentum zur Zeit Jesu erwartete das Kommen der Gottesherrschaft in der Zukunft (»futurische Eschatologie«). So heißt es etwa in der »Himmelfahrt des Mose«, einer jüdischen Schrift, die etwa um die Zeitenwende entstanden ist: »Und dann wird seine [Gottes] Herrschaft über seine ganze Schöpfung erscheinen, und dann wird der Satan nicht mehr sein, und die Traurigkeit wird mit ihm hinweggenommen sein« (10,1). Diese Schrift kursierte kurz vor Jesu Auftreten in Palästina. Daher ist es wahrscheinlich, dass Jesus als Jude mit dieser futurischen Eschatologie vertraut war. Wie also kommt er darauf, dass das Gottesreich sich schon in der Gegenwart Bahn bricht? Wahrscheinlich hatte er eine Vision, von der er in Lk 10,18 kurz berichtet: »Ich sah den Satan vom Himmel fallen wie einen Blitz.« Welche Bedeutung hatte diese Vision für Jesus? Bibelwissenschaftler nehmen an, dass er sie im Sinne einer Entmachtung des Satan im Himmel deutete. Deshalb konnte er behaupten: Was gemeinhin für die Zukunft erwartet wird, ist im Himmel schon eingetreten. Das Böse ist schon besiegt. Deshalb kann das Gottesreich auch auf Erden schon ansatzweise erfahren werden.

Orte des Wirkens Jesu

Die Orte, in denen Jesus gewirkt hat, existieren zum großen Teil noch heute, aber natürlich haben sie sich erheblich verändert. Archäologen versuchen, Spuren aus der Zeit Jesu zu finden.

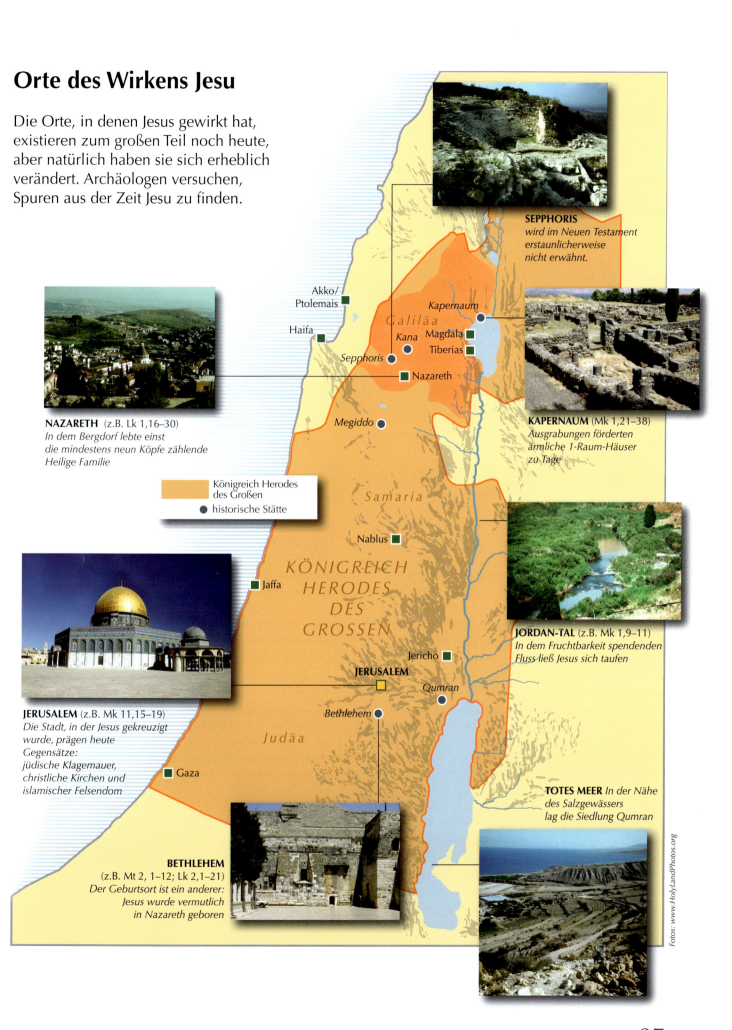

SEPPHORIS wird im Neuen Testament erstaunlicherweise nicht erwähnt.

NAZARETH (z.B. Lk 1,16–30)
In dem Bergdorf lebte einst die mindestens neun Köpfe zählende Heilige Familie

KAPERNAUM (Mk 1,21–38)
Ausgrabungen förderten ärmliche 1-Raum-Häuser zu Tage

JORDAN-TAL (z.B. Mk 1,9–11)
In dem Fruchtbarkeit spendenden Fluss ließ Jesus sich taufen

JERUSALEM (z.B. Mk 11,15–19)
Die Stadt, in der Jesus gekreuzigt wurde, prägen heute Gegensätze: jüdische Klagemauer, christliche Kirchen und islamischer Felsendom

TOTES MEER In der Nähe des Salzgewässers lag die Siedlung Qumran

BETHLEHEM (z.B. Mt 2, 1–12; Lk 2,1–21)
Der Geburtsort ist ein anderer: Jesus wurde vermutlich in Nazareth geboren

E – Der Mann aus Nazareth

13. Qumran – eine jüdische Bibliothek

Der Fund von alten Schriftrollen und zahllosen Fragmenten in den Höhlen von Qumran war eine Sensation. Um die Entdeckung und die anschließende Auswertung dieser Schriften ranken sich Legenden und Gerüchte: Wurden Schriften bewusst (von der Kirche) zurückgehalten, um die Wahrheit über Jesus »unter Verschluss« zu halten? Was für Menschen stehen hinter dieser jüdischen Bibliothek, die neben Handschriften der hebräischen Bibel, also unseres Alten Testaments, auch Kommentare zu einzelnen Schriften der hebräischen Bibel umfasst? Besonders aufschlussreich sind in dieser Hinsicht die Schriften, die das Zusammenleben der Gemeinschaft regeln sollte, die in Qumran lebte.

»Sich abzusondern von allen«

■ *Bekannt ist die so genannte »Ordnung für die Gemeinschaft« (auch: Sektenregel, 1QS). Sie enthält u. a. eine Disziplinarordnung und detaillierte Bestimmungen für ein Aufnahmeritual:*

(Die Priester und Leviten ziehen der Reihe nach ein …)
Priester und Leviten: Hymnus (Lobpreis)
Antwort der Kandidaten: Amen, Amen.
Priester: Lob der Werke Gottes.
Leviten: Sündenbekenntnis
Antwort der Kandidaten: »Wir haben Unrecht getan, Übertretungen begangen, gesündigt, gottlos gehandelt, wir und unsere Väter vor uns, als wir wandelten im Gegensatz zu den Geboten der Wahrheit und der Gerechtigkeit … sein Gericht an uns und unseren Vätern. Aber das Erbarmen seiner Barmherzigkeit hat er uns erzeigt von Ewigkeit zu Ewigkeit.«
Eid der Kandidaten, »umzukehren zum Gesetz des Mose gemäß allem, was er befohlen hat, von ganzem Herzen und ganzer Seele, sich abzusondern von allen Männern des Frevels, die auf gottlosem Wege wandeln«.
Priester: [Segen] »Gott segne dich, Mann des Gottesloses, mit allem Guten und behüte dich vor allem Bösen und erleuchte dein Herz mit der Einsicht des Lebens und sei dir gnädig mit ewigem Wissen, und er erhebe sein gnädiges Angesicht auf dich zum ewigen Frieden.«
Leviten: [Fluch] »Verflucht seist du, Mann des Loses Belials, in allen gottlosen Werken deiner Schuld! Möge Gott dir Schrecken geben durch die Hand aller Rächer und dir Vernichtung nachsenden durch die Hand aller, die Vergeltung heimzahlen. Verflucht seist du ohne Erbarmen entsprechend der Finsternis deiner Taten, und verdammt seist du in Finsternis ewigen Feuers. Gott sei dir nicht gnädig, wenn du ihn anrufst, und er vergebe nicht, deine Sünden zu sühnen. Er erhebe sein zorniges Angesicht zur Rache an dir, und kein Friede werde dir zuteil im Munde aller derer, die an den Vätern festhalten.«
Antwort der Kandidaten: »Amen, Amen.«

Priester und Leviten: »Verflucht sei der, der mit den Götzen seines Herzens übertritt, wenn er in diesen Bund eintritt und den Anstoß seiner Sünde vor sich hinstellt, um dadurch abtrünnig zu werden. Und geschieht es, wenn er die Worte dieses Bundes hört, dass er sich glücklich preist in seinem Herzen und sagt: Friede möge ich haben, wenn ich auch in der Verstocktheit meines Herzens wandle – so werde sein Geist dahingerafft, das Trockene mitsamt dem Feuchten, ohne Vergebung. Gottes Zorn und der Eifer seiner Gerichte sollen entbrennen gegen ihn zu ewiger Vernichtung. Es sollen ihm anhaften alle Flüche dieses Bundes und Gott sondere ihn ab zum Bösen, und er werde ausgerottet aus der Mitte aller Söhne des Lichts in seinem Abweichen von Gott. Durch seine Befleckungen und durch den Anstoß seiner Verschuldung gebe er sein Teil unter die ewig Verfluchten.«
Antwort der Kandidaten: »Amen, Amen.«

1QS, zitiert nach: Klaus Berger, Qumran, Stuttgart 1988, S. 81–83.

Qumran und die moderne Bibelwissenschaft

Qumran liegt an der nord-westlichen Seite des Toten Meeres in der Wüste. Im Jahr 1947 entdeckte ein Hirte in einer Höhle bei Qumran alte Schriftrollen. Nachforschungen ergaben, dass hier eine ganze Bibliothek lagerte. Diese Bibliothek gehörte zu einer jüdischen Gemeinschaft, die um die Zeitenwende, etwa zwischen 150 v. Chr. und 68 n. Chr., abgeschieden in Qumran lebte.

Spekulationen ranken sich in erster Linie um die Frage, welche Beziehungen zwischen Jesus und Qumran bestehen: War Jesus in Qumran? Wurden in Qumran Schriften gefunden, die unser Bild von Jesus verändern?

Die Antwort der Bibelwissenschaft ist überwiegend ernüchternd: Es gibt keinen Beleg dafür, dass Jesus jemals in Qumran gewesen ist. Die dort gefundenen Schriften sagen uns nichts über den Juden Jesus, wohl aber sehr viel über das Judentum zur Zeit Jesu. Hier ist nun bemerkenswert, dass die jüdische Gruppierung, die wahrscheinlich ihr Zentrum in Qumran hatte, nämlich die Essener, in den Schriften des Neuen Testaments nicht einmal erwähnt wird.

Sie hielten ihre Lehren geheim und vermieden Auseinandersetzungen mit Außenstehenden. Daher finden wir in der Jesusüberlieferung Debatten mit Pharisäern, nicht aber mit Essenern.

Archäologische Ausgrabungen haben gezeigt, dass rituelle Waschungen in Qumran eine große Rolle spielten.

Unrein ist nach Auffassung der Essener, wer gelähmt, hinkend, blind, taub oder stumm ist; ferner, wer einen sichtbaren Makel am Fleisch hat und wer im Alter zittert.

Wer unrein ist, wird aus der Gemeinschaft ausgeschlossen.

Max Beckmann: Christus und die Sünderin, 1917. © VG Bild-Kunst, Bonn 2008.

Als sie nun fortfuhren, ihn zu fragen, richtete er sich auf und sprach zu ihnen: Wer unter euch ohne Sünde ist, der werfe den ersten Stein auf sie. Und er bückte sich wieder und schrieb auf die Erde. Als sie aber das hörten, gingen sie weg, einer nach dem andern, die Ältesten zuerst; und Jesus blieb allein mit der Frau, die in der Mitte stand. Jesus aber richtete sich auf und fragte sie: Wo sind sie, Frau? Hat dich niemand verdammt? Sie antwortete: Niemand, Herr. Und Jesus sprach: So verdamme ich dich auch nicht; geh hin und sündige hinfort nicht mehr.

Johannes 8,7–11

E – Der Mann aus Nazareth

F

Was Jesus tat: Zeichen und Wunder

Gäbe es im Zusammenhang mit Jesus keine Wundergeschichten, dann hätten wir keine Probleme, diese mit der modernen Auffassung der Welt in Einklang zu bringen. Dann wäre das Auftreten Jesu in seiner Zeit ohne Schwierigkeiten erklärbar. Wir können versuchen, die Wundertaten Jesu einzuteilen in solche, die »möglich« sind, und solche, die »unmöglich« erscheinen. Doch was ist das für ein Jesus, der sich so ganz im Rahmen unserer Welt bewegt? Wir kommen nicht um die Frage herum zu überlegen, wo denn das Göttliche bei ihm spürbar und sichtbar war. Wenn es nicht der Heiligenschein gewesen sein kann, den viele Maler ihm als Erkennungszeichen zugeschrieben haben, dann muss dieses Göttliche in anderer Weise irgendwo Spuren hinterlassen.
Die Wunder waren zu Jesu Zeiten und für uns heute Zeichen. Solche Zeichen markieren, dass es in einer Welt, deren Regeln wir zu kennen glauben und nach denen wir unser Leben ausrichten, offenbar eine Erwartung gibt, es könne auch einmal anders sein. Gerade in Situationen, die uns ängstigen, in denen wir keinen Ausweg mehr sehen, erweist sich die Notwendigkeit von Wundern – zu Jesu Zeiten wie heute.

14. Wie werden die Wundergeschichten heute verstanden?

Interview mit einem Abiturienten zur Blindenheilung (Lk 18,35–43)

Du hast die Erzählung, die im Lukasevangelium steht, durchgelesen. Kannst du dir vorstellen, dass das, was hier erzählt wird, so passiert ist?
Also, ich persönlich kann's mir vorstellen, da ich doch ein sehr gläubiger Mensch bin, auch wenn ich nicht jeden Sonntag in die Kirche gehe. Und das ist ja nicht das einzige Wunder, das passiert ist durch Jesus. Ich kann mir sehr gut vorstellen, dass es so geschehen ist. Weil ich auch an Gott glaube und an Jesus und seine Taten.

Macht es dir Schwierigkeiten, dass heute viele Menschen sagen, so etwas sei naturwissenschaftlich nicht möglich?
Also der Atheismus macht mir doch recht Schwierigkeiten. Auch in unserer Klasse sind viele, die nicht an Gott glauben. Es ist für viele natürlich schwer zu verstehen, weil man nach dem heutigen Stand der Medizin doch schwer glauben kann, dass ein Mensch damals einen Blinden heilt, obwohl es heute kaum die Medizin schafft.

In dem Text wird ein Gespräch zwischen dem Blinden und Jesus skizziert. Was gehen dir da für Gedanken durch den Kopf?
Beim ersten Mal lesen hab' ich gleich festgestellt, dass der Blinde am Anfang erst mal gar nicht aufgibt. Er will geheilt sein, und das ist ja schon mal ein sehr wichtiger Punkt: dieses Darauf-hin-Arbeiten, diese Störrigkeit, das zeigt ja schon, dass er an Jesus glaubt.
Und Jesus – trotz der Menge – geht auf ihn zu und hört den Einzelnen heraus. Er guckt nicht auf die Menge, sondern auf den Blinden, als der ihn ruft. Und er hilft ihm.
Auch wenn ich den letzten Teil nicht gelesen hätte, dass er ihm hilft, hätte ich, glaube ich, mir sofort denken können, dass Jesus auf ihn zugeht und ihn heilt.

Wie findest du die Antwort Jesu: »Dein Glaube hat dir geholfen.«?
Der Glaube an Gott ist ja nun mal auch der Glaube an Jesus Christus und an seine heilenden Wirkungen und an seine heilenden Taten. Und deshalb würde ich auch sagen, dass gerade der Glaube dem Blinden geholfen hat, wieder sehend zu werden. Da ich auch solche Dinge schon selber im Leben durchgestanden habe mit dem Glauben.

Wenn du an eigene Erkrankungen zurückdenkst, würdest du auch da sagen, dass Gott dir bei der Gesundung geholfen hat?
Also ich persönlich muss sagen, ich bete doch sehr oft, jeden Abend eigentlich. Und mir hat der Glaube an Gott schon geholfen, Krankheiten zu überwinden. Aber nicht nur meine eigenen Krankheiten, sondern auch die von anderen Personen; zum Beispiel Probleme mit dem Tod meiner Oma zu überwinden, zu überstehen, oder Krankheiten meiner Eltern oder meines Bruders.

Kannst du dir Situationen vorstellen, in denen du diese Geschichte weitererzählen würdest?
Die Geschichte würde ich weitererzählen, wenn eine Person z. B. im Krankenhaus liegt und total die Hoffnung aufgibt. Es gibt, glaube ich, in jeder Krankheit, auch wenn nach der Medizin heutzutage keine oder kaum Hoffnung mehr existiert, immer einen Funken Hoffnung, dass man weiterleben kann, dass man überleben kann oder dass man wieder gesund werden kann.

Herzlichen Dank für dieses Gespräch.

El Greco: Christus heilt den Blinden, um 1570. Gemäldegalerie Dresden. Foto: AKG, Berlin.

Es begab sich aber, als er in die Nähe von Jericho kam, dass ein Blinder am Wege saß und bettelte. Als er aber die Menge hörte, die vorbeiging, forschte er, was das wäre. Da berichteten sie ihm, Jesus von Nazareth gehe vorbei. Und er rief: Jesus, du Sohn Davids, erbarme dich meiner! Die aber vornean gingen, fuhren ihn an, er solle schweigen. Er aber schrie noch viel mehr: Du Sohn Davids, erbarme dich meiner! Jesus aber blieb stehen und ließ ihn zu sich führen. Als er aber näher kam, fragte er ihn: Was willst du, dass ich für dich tun soll? Er sprach: Herr, dass ich sehen kann. Und Jesus sprach zu ihm: Sei sehend! Dein Glaube hat dir geholfen. Und sogleich wurde er sehend und folgte ihm nach und pries Gott. Und alles Volk, das es sah, lobte Gott.

Lukas 18,35–43

15. Wunder in der Antike

Zur Zeit Jesu wurden Gesundheit und Krankheit ganz grundsätzlich mit dem Wirken von Geistern und Dämonen und damit dem Eingreifen göttlicher Kräfte in Verbindung gebracht. Wundererzählungen sind uns deshalb nicht nur von Jesus selbst, sondern auch aus der jüdischen Tradition oder dem griechischen Kulturraum überliefert. Hier lassen sich Ähnlichkeiten und interessante Unterschiede entdecken. Epidauros war eines der großen Heilbäder, zu dem jährlich Tausende in der Hoffnung auf Genesung pilgerten und, wie die in Stein gehauenen Berichte zeigen, auch zum Teil fanden.

Das Asklepios-Heiligtum in Epidauros

■ *Pausanias (160–180 n. Chr.) war ein griechischer Schriftsteller aus Kleinasien (dem Gebiet der heutigen Türkei). Er beschrieb das kulturelle Erbe des alten Griechenland.*

Den heiligen Hain des Asklepios umgeben allerseits Grenzsteine, und innerhalb des Heiligtums sterben keine Menschen und gebären keine Frauen [...] Die Kultstatue des Asklepios ist halb so groß wie die des olympischen Zeus in Athen und aus Elfenbein und Gold gemacht; [...] Er sitzt auf einem Thron, einen Stab haltend, und die andere Hand über dem Kopf der Schlange, und auch ein Hund ist neben ihm liegend dargestellt. [...] Dem Tempel gegenüber ist der Ort, wo die den Gott um Hilfe Bittenden schlafen. [...]
Innerhalb des heiligen Bezirks standen vor alters viele Stelen (Säulen), zu meiner Zeit noch sechs. Auf ihnen sind die Namen von Männern und Frauen verzeichnet, die von Asklepios geheilt wurden, und dazu die Krankheit, an der jeder litt, und wie er geheilt wurde.

Pausanias: Beschreibung Griechenlands. Übersetzt von Ernst Meyer, Artemis Verlag, Stuttgart und Zürich, 2. Auflage 1967, S. 132f.

Inschriften aus Epidauros

Euphanes aus Epidauros, ein Knabe. Dieser hatte Blasensteine und schlief im heiligen Raum. Es schien ihm, der Gott trete zu ihm und sage: »Was wirst du mir geben, wenn ich dich gesund mache?« Er habe erwidert: »Zehn Würfel«. Da habe der Gott lachend gesagt, er werde ihn befreien. Als es tagte, kam er gesund heraus.

Hermon von der Insel Thasos. Dieser kam als Blinder und wurde geheilt. Da er keinen Arztlohn entrichtete, machte der Gott ihn sofort wieder blind. Nachdem er wiedergekommen war und nochmals im heiligen Raum geschlafen hatte, stand er gesund auf.

Aus: Gerhard Isermann (Hg.): Antike Parallelen zu den Wundergeschichten, bearbeitet von Siegward Kunath, Vandenhoeck & Ruprecht, Göttingen 1976, S. 7f.

Bernd Kollmann: An der Faktizität dieser Wunderheilungen ist nicht zu zweifeln

Bei den Ausgrabungen, die ab 1883 in Epidauros vorgenommen wurden, konnten drei dieser Stelen vollständig, eine vierte in Bruchstücken entdeckt werden. Sie enthalten insgesamt siebzig Berichte über Wunderheilungen. Unter den vielfältigen Krankheiten, die in Epidauros geheilt wurden, nehmen Augenleiden und Lähmungen besonders breiten Raum ein, aber auch bei Wassersucht, Kindeswunsch, Haarausfall, Geschwüren und dergleichen mehr wurde Hilfe zuteil. Es handelt sich um sogenannte Inkubationsheilungen, die sich während des Schlafs im Tempel der Gottheit vollzogen. Nach einem Voropfer und einer rituellen Waschung übernachteten die Heilungssuchenden in einem besonderen Raum, wo ihnen Asklepios im Schlaf erschien und entweder sofort Heilung brachte oder Anweisung erteilte, deren Ausführung später Genesung nach sich zog. An der Faktizität solcher Wunderheilungen ist nicht zu zweifeln. Auch wenn die zur Ermutigung der Kranken und zur Werbung für das Heiligtum verfassten Berichte auf den Stelen übertreiben, setzen sie doch eine Vielzahl unbestrittener Heilungen voraus.

Bernd Kollmann: Neutestamentliche Wundergeschichten, Kohlhammer Verlag, Stuttgart 2002, S. 30.

Jüdische Wundercharismatiker

■ *Der Wundercharismatiker Chanina ben Dosa wirkte in der Mitte des 1. Jh. n.Chr. Wie Jesus stammte er aus der Nähe von Sepphoris, lebte in selbst gewählter Besitzlosigkeit und galt als Sohn Gottes. Der Mischna zufolge betete er für lebensbedrohlich Erkrankte und konnte je nachdem, ob ihm das Gebet flüssig oder stockend über die Lippen kam, die Überlebenschancen vorhersagen. Im Talmud finden sich erzählerische Entfaltungen dieser charismatischen Gebetsheilungspraxis, die in einer bis in das Alte Testament zurückreichenden Tradition steht (Num 17,13f.; 1. Kön 13,4–6).*

Einst erkrankte der Sohn Rabbi Gamaliels und er sandte zwei Schriftgelehrte zu Rabbi Chanina ben Dosa, dass er für ihn um Erbarmen flehe. Als dieser sie sah, stieg er auf den Dachboden und flehte für ihn um Erbarmen. Beim Herabsteigen sprach er zu ihnen: Gehet, das Fieber hat ihn verlassen. Sie sprachen zu ihm: Bist du denn ein Prophet? Er erwiderte: Weder bin ich ein Prophet, noch der Sohn eines Propheten; allein so ist es mir überliefert: ist mir das Gebet im Munde geläufig, so weiß ich, dass es angenommen, wenn nicht, so weiß ich, dass es gewehrt wurde. Hierauf ließen sie sich nieder und schrieben die Stunde genau auf, und als sie zu Rabbi Gamaliel kamen, sprach er zu ihnen: Bei Gott, weder habt ihr vermindert noch vermehrt: genau dann geschah es, in dieser Stunde verließ ihn das Fieber, und er bat um Wasser zum Trinken.

Bernd Kollmann: Neutestamentliche Wundergeschichten, Kohlhammer Verlag, Stuttgart 2002, S. 44.

Justine Kurland: Eel swamp (2001).

Udo Schnelle: Jesus heilt am Teich Betesda

■ *Udo Schnelle, geb. 1952, ist Professor für Neues Testament an der Universität Halle. Im Folgenden kommentiert er die Heilungsgeschichte Joh 5,1–13.*

Der Ort dieser Szene ist durch Ausgrabungen recht genau rekonstruiert worden, so dass der Besucher heute einen konkreten Eindruck von der hier geschilderten Anlage bekommt: Um einen Doppelteich herum waren vier Säulenhallen gebaut, in denen die Kranken lagen; und auf der Mauer zwischen den beiden Teichbecken stand eine fünfte Halle. Diese prachtvoll gebaute Anlage wird jetzt durch die sog. Kupferrolle aus Qumran (35–65 n. Chr.) direkt bezeugt. Sie war tief in den Felsen gehauen. Das Wasser gewann man aus den ergiebigen Regengüssen der Winterzeit. Möglicherweise wurden die Teiche aber zusätzlich von einer unterirdischen Quelle gespeist, die nur einige Male im Jahr Wasser gab, so dass dann eine aufwallende Bewegung in den Teichen entstand. Diese wurde als besonders heilungswirksam erfahren und angesehen. Wer als Erster ins Wasser gelangte, hatte die beste Heilungschance. In späteren Handschriften findet sich in V. 3b–4 eine religiöse Deutung; ein Engel steige jeweils vom Himmel herab und bewege das Wasser; so schicke Gott selbst für Einzelne aus seinem Volk in wunderbarer Weise Heilung von jedweden Krankheiten.

Udo Schnelle: Das Evangelium nach Johannes, Theologischer Handkommentar zum Neuen Testament IV, Evangelische Verlagsanstalt, Leipzig, 4. Auflage 2004.

16. Verschiedene Interpretationen von Wundern

Die Wunder Jesu als historische Ereignisse – Gerd Theißen / Annette Merz

Ein Wunder ist ein Ereignis, das gegen normale Erwartungen eintritt und eine religiöse Bedeutung hat: Es wird als Handeln eines Gottes verstanden. Unter diese weite Definition fallen auch kosmische Zeichen (wie der Stern bei der Geburt Jesu oder die Sonnenfinsternis bei seinem Tod). Die Wunder Jesu aber haben alle einen irdischen »Täter«, sie sind Wundertaten Jesu. Mochten die ersten Christen auch von »Zeichen vom Himmel« berichten, die sein Leben umgaben – Jesus selbst lehnte solche beglaubigenden Zeichen ab (Mk 8,11f.). Alle Wunder werden von ihm (und seinen Anhängern) gewirkt. Alle sind Ausdruck heilender und rettender Macht; das Strafwunder in Mk 11,12ff. ist eine Ausnahme. In der Wunderüberlieferung erscheint in der Regel also nicht Gott (abgesehen von Joh 11,41f.), sondern Jesus als Subjekt des Wundergeschehens. Insofern antike Mentalität Wunder auf eine übermenschliche Macht (sei es die Gottes, sei es die des Satans, vgl. Mt 12,22ff.) zurückführte, musste sie in solchen Wundertaten Jesu übermenschliches Wesen ahnen, anerkennen oder ablehnen.

Wunder werden erst dort zum Problem, wo die eigene Erfahrung keine Analogien zu Wundertätern kennt. Wir alle beurteilen historische Berichte nach einem Analogieprinzip: Wir neigen dazu, das, was in ihnen unserer Erfahrung widerspricht, für unhistorisch zu halten. Einen »Seewandel« oder eine wunderbare »Brotvermehrung« können wir uns nicht vorstellen und sind deshalb mit Recht skeptisch gegenüber diesen Berichten. Dasselbe Analogieprinzip, das unsere Skepsis begründet, verpflichtet uns aber dazu, die Möglichkeit von Heilungen und Exorzismen anzuerkennen, auch wenn sie in unserer unmittelbaren Lebenswelt keine Rolle spielen. Denn zu ihnen gibt es in vielen Kulturen eine Fülle gut dokumentierter Analogien – im Übrigen auch im Untergrund unserer Kultur, mag das auch offiziell geleugnet werden. Umstritten bleibt dann immer noch, ob die Überlieferung von einem Heilcharismatiker im Einzelfall historisch glaubwürdig ist oder nicht – und vor allem, ob sie religiös oder nicht-religiös zu deuten ist. Die historische Frage ist für Jesus positiv zu beantworten. Nach dem Kriterium der »Wirkungsplausibilität« lässt sich die Überlieferung von seinen Wundern nicht ohne sein Wirken als Heilcharismatiker verstehen. Die Berichte von seinen Heilungen und Exorzismen werden durch eine »volkstümliche Verschiebung« aber in der allgemeinen Sprache antiken Wunderglaubens formuliert; die Berichte von so außergewöhnlichen »Naturwundern« (wie Seewandel, Brotspeisung) sind dagegen von Motiven des (nach-)österlichen christlichen Glaubens geprägt.

Gerd Theißen / Annette Merz: Der historische Jesus, Vandenhoeck & Ruprecht, Göttingen, 3. Auflage 2001, S. 279f. Zu den Autoren s. S. 8.

Die psychologische Wunderauslegung – Eugen Drewermann

■ *Eugen Drewermann, geb. 1940, war katholischer Priester und Dozent in Paderborn, bis er wegen seiner grundlegenden Kirchenkritik in Auseinandersetzung mit seiner Kirche geriet. Seitdem ist er als Therapeut und Buchautor tätig. Drewermann ist u. a. durch seine tiefenpsychologischen Auslegungen biblischer (Wunder-)Geschichten bekannt geworden.*
Der folgende Text stammt aus der Auslegung zu Mk 10,46–52: »Die Heilung des blinden Bartimaios oder: Die Blindheit der Unansehnlichkeit«.

Kein Psychotherapeut der Welt vermag eine Heilung gegen den Willen seines Patienten zu vollbringen. Im Gegenteil. Die Heilung besteht eigentlich immer nur darin, dass der Kranke lernt, wieder einen eigenen Willen zu bekommen; sie gelingt, wenn er das Vertrauen aufbringt, den eigenen Wunsch gegen den Widerstand seiner Angst zu äußern, sie ist abgeschlossen, wenn er sich buchstäblich wieder zu seinen eigenen Augen, zu seiner Einsichtsfähigkeit entschließt.

An einer Stelle wie dieser Wundererzählung des Markusevangeliums ist die unmittelbare Einheit zwischen Gottvertrauen und Selbstvertrauen, zwischen Religion und Psychotherapie mit Händen zu greifen. Jesus selber tut beim Vorgang dieser Heilung scheinbar gar nichts. Er ist sozusagen nur der Mittler auf dem Weg, der den blinden Bartimaios vor Gott zu sich selber zurückführt. Die einzige Handlung Jesu besteht darin, den Blinden nach seinem Willen zu fragen. So weit zieht Jesus sich zurück, so sehr vermeidet er absichtlich jede eigene Handlung, dass es ganz und gar nur auf den Willen des Bartimaios selbst ankommt. Alle anderen bisher mögen gemeint haben, sie sähen schon, was dem blinden Bettler fehle; aber wenn es um die Heilung der Krankheit und nicht nur um die Linderung der Symptome gehen soll, darf offenbar von außen gar nichts »gemacht« werden; wenn Bartimaios selber sehen lernen soll, darf es nur darum gehen, was er von sich aus selber will. Auf ihn allein kommt es jetzt an; er selbst muss sagen, was er will; erst das Vertrauen, dass dies möglich ist, gibt ihm das Augenlicht zurück. Wie um gerade dies am Ende noch besonders zu unterstreichen, fügt Jesus sogar eigens hinzu: »Dein Glaube hat dich geheilt.« Nichts Äußerliches also, auch nicht die Person Jesu – er selbst, er, Bartimaios, mit seinem Glauben ist das Wichtige. Selbst Jesus ist an dieser Stelle nur der Anlass, nicht der Grund der Heilung. Der blinde Bartimaios aber, sich selbst zurückgegeben, sieht bei den Worten Jesu die ganze Welt mit eigenen Augen wieder.

Eugen Drewermann: Das Markusevangelium, Zweiter Teil, Walter Verlag Düsseldorf, 5. Auflage 1994, S. 161ff.

Charismatisches Wunderverständnis – Walter J. Hollenweger

■ *Walter J. Hollenweger, geb. 1927, ehemaliger Theologieprofessor, vertritt die Überzeugung, dass das Gebet auch heute noch Heilung im medizinischen Sinn bewirken kann. Er fordert, dass die heutige »Beamtenkirche« den Heilungsauftrag Jesu wieder ernst nehmen und das Heilen wieder lernen müsse.*

Ein anglikanischer Spitalpfarrer beschrieb mir die Verwendung der alten Anglikanischen Liturgie der Krankensalbung im Spital. Vor einer Operation lädt er den Chirurgen, die Krankenschwestern, die Angehörigen des Kranken und einige Kirchengemeinderäte zu einer kurzen Abendmahlsfeier mit anschließender Handauflegung und Salbung mit Öl ein (Jak 5,14).

Er erzählte mir, dass er drei verschiedene Resultate beobachtet habe:

• Im ersten Fall geht die Operation gut aus. Das hat positive Wirkung. Der Chirurg ist zufrieden und der Patient beruhigt. Das ist auch einer der Gründe, warum die Ärzte bei dieser Liturgie mitmachen, und zwar unabhängig davon, ob sie Christen sind oder nicht. Sie haben entdeckt, dass sich der kurze Zeitaufwand lohnt, weil der Patient dann besser disponiert ist. Gebet und Eingriff wirken zusammen.

• Der zweite Fall tritt ein, wenn der Patient während oder kurz nach der Operation stirbt. Dies wird nicht als Versagen betrachtet, da die Heilung weder vom Glauben des Patienten noch des Pfarrers noch von der Heiligkeit der übrigen beteiligten Personen abhängig gemacht wird, sondern allein von der unberechenbaren Gnade Gottes. So ist auch der Tod des Patienten nicht als Versagen oder als Schuld eines der Beteiligten zu verstehen, weder des Arztes noch des Geistlichen. Im Gegenteil: es ist sinnvoll, einen Menschen auf dem letzten schweren Gang vom Leben zum Tod zu begleiten. Wenn jemand nach Amerika oder Australien auswandert, wird man sich auch gebührend von ihm verabschieden, ein kleines Abschiedsfest arrangieren und ihm gute Reise wünschen. Warum soll ein Christ, wenn er auf die letzte Reise geht, nicht anständig verabschiedet werden?

• Der dritte Fall tritt ein, wenn die Operation überflüssig wird, weil der Patient während des Gebets geheilt wurde. Das ist natürlich für Ärzte und Patienten der interessanteste, aber auch der am schwersten erklärbare Fall. Vorläufig haben wir lediglich festzustellen, dass er gelegentlich eintritt. In ganz seltenen Fällen ist er vorauszusehen.

In meiner Erfahrung kann ich mich nur an einen oder zwei Fälle erinnern, wo mir eine Prognose möglich war. Sonst sind wir darauf angewiesen, zu tun, was unsere Pflicht ist, und das Resultat dem Herrn über Leben und Tod zu überlassen. Versprechungen oder gar Versprechungen, die an bestimmte Bedingungen geknüpft sind (z.B. der Kranke wird geheilt, wenn er glaubt oder dergleichen), sind unerlaubte Eingriffe in die Souveränität Gottes und führen über kurz oder lang zu Katastrophen.

Die Erfahrungen der Anglikanischen Kirche haben dazu geführt, dass in vielen Gemeinden einmal monatlich ein Abendmahl stattfindet, in dessen Verlauf auch mit Kranken (oder überhaupt mit Menschen, die besonderer Fürbitte bedürfen) unter Handauflegung gebetet wird.

© Arbeitsgemeinschaft missionarische Dienste im Diakonischen Werk der EKD, 1988.

Giotto di Bordone: Freskenzyklus zum Leben des Hl. Franziskus von Assisi, Szene: Das Quellwunder des Hl. Franziskus (1296–1298): Franz von Assisi findet einen fast Verdursteten. Durch ein Wunder lässt er Wasser aus dem Fels sprudeln. Foto: AKG, Berlin.

G Was Jesus sagte: Gleichnisse und Bergpredigt

Der Himmel auf Erden – damit weiß doch jeder etwas zu verbinden. Doch beim Nachfragen wird es meist schwierig. Was ist der Himmel, der mehr ist als das Blau und die Wolken? Es herrscht Einmütigkeit darüber, dass das Reden vom »Himmelreich« den Kern von Jesu Verkündigung darstellt. Doch was genau damit gemeint ist, war zu Jesu Zeiten so umstritten wie heute. Jesus redet selber davon nur in Bildern: Wir begegnen solchen Bildern u.a. in den sog. Gottesreichgleichnissen und in den Aussagen der Bergpredigt. Da werden Friedensstifter selig gepriesen und es wird dazu aufgefordert, seine Feinde zu lieben. Beim Lesen schwankt man meist zwischen dem Gefühl, etwas verstanden zu haben von der erhofften besseren Welt, und dem Eindruck, dass das, was da erwartet wird, so utopisch ist, dass es sowieso keiner erfüllen kann. Kann, möchte ich so »vollkommen« sein, wie es hier vorgezeichnet wird? Durch diese Texte haben sich immer wieder Menschen herausfordern lassen. Es gab immer wieder Gruppen, die versuchten, mit der Bergpredigt ernst zu machen und so zum »Salz der Erde« zu werden. Es ist tröstlich zu wissen, dass wir immer wieder darum bitten dürfen, dass »Dein Reich komme!«

17. Wie auf Erden, so im Himmel?

Isaac B. Singer: Ein Narrenparadies

■ *Isaac Bashevis Singer (1904–1991) war ein jüdischer Schriftsteller und Nobelpreisträger. Den größten Teil seiner Texte verfasste er auf Jiddisch.*
In einer reichen jüdischen Familie wächst Atzel gemeinsam mit Aksah, einer verwaisten Verwandten, die in der Familie aufgenommen wurde, heran. Die beiden befreunden sich.

Seit Atzel von seiner alten Kinderfrau erfahren hatte, dass es nur einen Weg gab, um ins Paradies zu kommen – nämlich zu sterben –, so hatte er beschlossen, gerade das so schnell als möglich zu tun. Er brütete vor sich hin und dachte so angestrengt darüber nach, dass er sich bald einbildete, wirklich tot zu sein.

Seine Eltern waren natürlich todtraurig, als sie sahen, was mit Atzel geschehen war. Aksah weinte heimlich. Die Familie tat alles mögliche, um Atzel davon zu überzeugen, dass er lebte. Er aber weigerte sich, ihnen zu glauben. Er sagte nur: »Warum beerdigt ihr mich nicht? Ihr seht doch, dass ich tot bin. Ihr seid daran schuld, dass ich nicht ins Paradies komme.«

Viele Ärzte wurden gerufen, um ihn zu untersuchen, und alle versuchten ihn zur Einsicht zu bringen, dass er lebendig sei. Sie stellten fest, dass er sprach, aß und schlief. Aber danach aß Atzel weniger und sprach kaum noch. Die Familie fürchtete, er würde sterben.

In seiner Verzweiflung befragte Kadisch [Atzels Vater] einen großen Spezialisten, der ob seines Wissens und seiner Weisheit geehrt wurde. Sein Name war Doktor Joetz. Nachdem er sich die Beschreibung von Atzels Krankheit angehört hatte, sagte er zu Kadisch: »Ich verspreche, euren Sohn in acht Tagen zu heilen, unter einer Bedingung: Ihr müsst alles tun, was immer ich euch sage, und wenn es euch noch so seltsam vorkommt.«

Kadisch stimmte zu, und Doktor Joetz sagte, er wolle Atzel noch am selben Tag besuchen. Kadisch ging, um zu Hause alle darauf vorzubereiten. Er sagte seiner Frau, Aksah und den Dienstboten, dass alle den Anordnungen des Arztes zu gehorchen hätten. Und das taten sie auch.

Als Doktor Joetz kam, wurde er in Atzels Zimmer geführt. Mit zerzaustem Haar und in verknautschtem Nachtzeug lag der Junge auf seinem Bett, bleich und mager vom Fasten. Mit einem kurzen Blick sah der Doktor Atzel an und rief: »Warum behaltet ihr denn einen toten Jungen im Haus? Warum bestellt ihr nicht die Beerdigung?«

Die Eltern hörten diese Worte und waren zu Tode erschrocken. Aber über Atzels Gesicht huschte ein Lächeln, und er sagte: »Ihr seht, ich hatte recht.«

Obwohl Kadisch und seine Frau von den Worten des Arztes verwirrt waren, erinnerten sie sich an Kadischs Versprechen und machten sich sofort an die Vorbereitungen zum Begräbnis. Atzel wurde so aufgeregt von dem, was der Doktor gesagt hatte, dass er aus dem Bett sprang und in die Hände klatschte. Seine Freude machte ihn so hungrig, dass er um etwas zu essen bat.

Aber Doktor Joetz sagte: »Warte, du wirst im Paradies essen.« Der Doktor verlangte dann, dass ein Zimmer wie das Paradies hergerichtet werden sollte. Die Wände wurden mit weißer Seide behängt, und kostbare Teppiche bedeckten den Boden. Die Fensterläden wurden geschlossen und die Vorhänge zugezogen. Kerzen und Ölfunzeln brannten Tag und Nacht. Die Dienstboten wurden in weiße Tücher gekleidet, mit Flügeln auf den Rücken. Sie hatten die Engel zu spielen. Atzel legte man in einen offenen Sarg, und die Begräbnisfeierlichkeiten wurden abgehalten. Er war so erschöpft vor lauter Glückseligkeit, dass er die Zeremonie verschlief. Als er erwachte, fand er sich in einem Zimmer wieder, das er nicht erkannte. »Wo bin ich?« fragte er.

»Im Paradies, mein Herr«, gab ein geflügelter Diener zur Antwort. »Ich habe furchtbaren Hunger«, sagte Atzel. »Ich hätte gerne Walfischfleisch und heiligen Wein.«

»Sogleich, mein Herr.« […]

Als er erwachte, war es Morgen. Aber es hätte genauso gut Nacht sein können. Die Fensterläden waren geschlossen, und die Kerzen und Ölfunzeln brannten. Kaum sahen die Diener, dass Atzel erwacht war, so brachten sie ihm genau das gleiche Mahl wie am Tage zuvor.

»Warum bekomme ich dasselbe zu essen wie gestern?« fragte Atzel. »Habt ihr nicht Milch, Kaffee, frische Brötchen und Butter?«

»Nein, mein Herr. Im Paradies gibt es immer das gleiche Essen«, antwortete der Diener.

»Ist es schon Tag, oder ist es noch Nacht?« fragte Atzel.

»Im Paradies ist weder Tag noch Nacht.«

Doktor Joetz hatte den Dienern sorgfältige Anweisungen gegeben, wie sie mit Atzel zu sprechen hatten und wie sie ihn behandeln sollten.

Atzel aß wieder Fisch, Fleisch, Früchte und trank Wein, aber sein Appetit war nicht so gut wie zuvor.

Als er gegessen und seine Hände in einer goldenen Waschschüssel gewaschen hatte, fragte er: »Wie viel Uhr ist es?«

»Im Paradies gibt es keine Uhrzeit«, antwortete der Diener.

»Was soll ich jetzt tun?« wollte Atzel wissen.

»Im Paradies, mein Herr, tut man überhaupt nichts.«

»Wo sind die anderen Heiligen?« erkundigte sich Atzel. »Ich möchte sie kennen lernen.«

»Im Paradies ist jede Familie für sich allein.«

»Kann man keine Besuche machen?«

»Im Paradies liegen die Wohnungen viel zu weit auseinander. Es würde Jahrtausende dauern, um von einer zur anderen zu gelangen.«

»Wann wird meine Familie kommen?« fragte Atzel.

»Euer Vater hat noch zwanzig Jahre zu leben und eure Mutter noch dreißig. Und solange sie leben, können sie nicht hierher kommen.«

»Und wie ist es mit Aksah?«

»Sie hat noch mehr als fünfzig Jahre zu leben.«

»Muss ich die ganze Zeit alleine bleiben?«

»Ja, mein Herr.« […]

Acht Tage blieb Atzel in seinem falschen Himmel und wurde immer trauriger. Er vermisste seinen Vater, er verlangte nach seiner Mutter, und er sehnte sich nach Aksah. Nichtstun schien ihm nicht mehr so begehrenswert wie früher. Jetzt hätte er gerne irgend etwas gelernt. Er träumte vom Reisen. Er wollte auf seinem Pferd reiten, sich mit seinen Freunden unterhalten. Das Essen, das ihn am ersten Tag so entzückt hatte, verlor seinen Geschmack.

Es kam die Zeit, da er seine Traurigkeit nicht mehr verbergen konnte. Er sagte zu einem der Diener: »Ich sehe es nun ein, leben ist nicht so schlecht, wie ich dachte.«

»Leben, mein Herr, ist schwer. Man muss lernen, arbeiten, Geschäfte machen. Hier ist alles leicht«, tröstete ihn der Diener.

»Ich würde lieber Holz hacken und Steine schleppen als so herumzusitzen. Wie lange soll das hier noch dauern?«

»Ewig.«

»Immer und ewig hier bleiben?« Atzel begann sich vor Kummer das Haar zu raufen. »Ich würde mich lieber umbringen.«

»Ein toter Mensch kann sich nicht töten.«

Am achten Tag, als Atzel zutiefst verzweifelt schien, kam, wie ausgemacht war, einer der Diener zu ihm und sagte: »Mein Herr, ein Irrtum ist geschehen. Ihr seid nicht tot. Ihr müsst das Paradies verlassen.«

»Ich bin am Leben?«

»Ja, ihr seid lebendig. Ich will euch zurück zur Erde bringen.«

Atzel war außer sich vor Freude. Der Diener verband ihm die Augen, und nachdem er ihn durch die langen Gänge des Hauses hin und her geführt hatte, brachte er ihn in das Zimmer, wo die Familie auf ihn wartete, und nahm ihm die Binde von den Augen.

Es war heller Tag, und die Sonne schien durch die offenen Fenster. Frischer Duft wehte von den umliegenden Feldern und Obstgärten herein. Draußen im Garten sangen die Vögel, und summend flogen die Bienen von Blume zu Blume. In den Ställen konnte Atzel die Kühe muhen und die Pferde wiehern hören. Voller Freude umarmte und küsste er seine Eltern und Aksah. »Ich wusste nicht, wie gut es ist, lebendig zu sein«, rief er. […]

Erst nach der Hochzeit erfuhr Atzel, dass Doktor Joetz ihn geheilt hatte und dass er in einem Narrenparadies gewesen war. In den folgenden Jahren sprach er mit Aksah oft darüber. Später erzählten sie ihren Kindern und Kindeskindern die Geschichte von der wundersamen Heilung durch Doktor Joetz. Und jedes Mal schlossen sie mit den Worten: »Aber wie es im Paradies wirklich ist, das weiß man natürlich nicht.«

Isaac Bashevis Singer: Ein Narrenparadies. Aus: Zlatek die Geiß und andere Geschichten, dtv, München, 2. Auflage 1980, S. 14–26.

Die Sadduzäer lehren, es gebe keine Auferstehung

■ *In Mk 12,18–25 ist ein Streitgespräch zwischen Jesus und der Gruppe der Sadduzäer zur Frage nach der Auferstehung überliefert. Der jüdische Geschichtsschreiber Flavius Josephus (37/38–ca. 100 n. Chr.) berichtet von dieser Gruppierung Folgendes:*

Die Sadduzäer […] streichen das Schicksal völlig; von Gott aber nehmen sie an, er tue nichts Böses, ja, er sehe es nicht einmal mit an, wenn Böses getan wird. Sie behaupten vielmehr, der Mensch selbst könne wählen zwischen dem Guten und dem Bösen, und nur aufgrund der Entscheidung jedes einzelnen schließe sich der Mensch dem Guten oder dem Bösen an. Den Glauben an ein Weiterleben der Seele sowie an die Strafen und Belohnungen im Hades [dem Totenreich] lehnen sie ab.

Flavius Josephus: De bello Judaico/Der jüdische Krieg (griechisch/ deutsch), 2, 162–166. Hg. von Otto Michel und Otto Bauernfeind, Bd. 1, Wissenschaftliche Buchgesellschaft, Darmstadt, 3. Auflage 1982.

18. Vom Himmelreich reden – aber wie?

Der Evangelist Matthäus spricht nicht vom Gottes-, sondern vom Himmelreich, weil er es vermeiden möchte, den Gottesnamen zu benutzen. Daran zeigt sich, mit welcher Ehrfurcht die Juden zur Zeit Jesu vom Gottesreich sprachen. Das Himmelreich hat niemand je gesehen. Wir kennen es nicht. Es übersteigt unsere Vorstellungskraft. Und doch haben wir nur unsere Sprache, um von dem Himmelreich zu reden. Können wir mit Mitteln der irdischen Welt über die himmlische sprechen? Und wenn ja, wie?

Fünftklässlerinnen reden über das Reich Gottes

Heidrun meint: »Es soll da oben ja sehr schön sein.« Als die Lehrerin wegen des »da oben« nachfragt, meint Heidrun: »Von mir aus auch unten oder neben mir, aber der Himmel ist für mich oben.« Eine andere Schülerin präzisiert: »Für mich ist der Himmel oben. Ich stell mir vor, dass da alles aus Gold ist und es da so viel Gold und Geld gibt.« Jasmin dagegen vermutet, dass das Reich Gottes überall sein kann, sowohl im Himmel als auch »bei uns«.

Jesus spricht in Gleichnissen

Dass Jesus vom Reich Gottes gesprochen hat, gehört zu den gesichertsten Aussagen über ihn. Denn in den synoptischen Evangelien steht die Rede vom Gottes- bzw. Himmelreich im Zentrum der Botschaft Jesu. Wie sprach Jesus vom Gottesreich? – Meistens in Gleichnissen (z. B. Mk 4,30–32).

Was ist ein Gleichnis und wie »funktioniert« es? – Jürgen Becker

Jesus will offenkundig nicht die Welt Galiläas benutzen, um sie dann zu verfremden und für eine andere Aussagewelt zu verwenden. Er will vielmehr gerade die Welt seiner Zeitgenossen mit der Gottesherrschaft ›kurzschließen‹. Er will also beides engstens zusammenbringen, nicht aber das eine als Einstieg benutzen, um so das andere hintergründig einzuführen. Jesus sagt seinen Hörern nicht: Sucht in eurer Erfahrungswelt Startlöcher, um in die Welt Gottes vorzudringen, und verlasst dann eure Welt! Er will vielmehr den Blick dafür öffnen, dass sich die Heilswende genau jetzt und exakt in dieser Welt vollzieht.

Jürgen Becker: Jesus von Nazaret, Verlag Walter de Gruyter, Berlin/New York 1996, S. 183f.

Was heißt heute Himmel? – Bernhard Lang / Colleen McDannell

■ *Bernhard Lang, geb. 1946, ist Professor für Altes Testament und Religionswissenschaft an der Universität Paderborn. Er beschäftigt sich besonders mit der Religionsgeschichte Israels und des Christentums. Colleen McDannell bekleidet zur Zeit eine Professur für Geschichte und »Religious Studies« an der University of Utah.*

Christliche Theologen des 18. und 19. Jahrhunderts glaubten an einen Himmel, der folgende Eigenschaften aufwies: (1) Beschreibbarkeit: Das Leben nach dem Tod ist eine Fortsetzung der gegenwärtigen Existenz und muss daher ebenso beschreibbar sein wie diese. Eine grundlegende Änderung des Daseins ist nicht zu erwarten. (2) Neue Erfahrungen: Als ein richtiges Leben muss die neue Existenz mit dem Nacheinander der Zeit und mit der Möglichkeit immer neuer Erfahrungen ausgestattet sein. Das Leben geht weiter; es kann nicht mit einem Mal stillstehen, als wäre es erstarrt. (3) Bewusstsein: Was immer den Tod überdauert – die Person oder ihre Seele –, ist ein Individuum mit Bewusstsein und dem Willen, die neue Existenz aktiv zu gestalten. (4) Beziehung zu Gott: Der christliche Glaube erwartet für den Himmel eine stärkere und ausdrücklichere Beziehung des einzelnen zu Gott, als es in diesem Leben möglich ist. Gott muss für die Seligen in einer überwältigenden Weise anwesend sein.
Sofern im 20. Jahrhundert am modernen Himmel festgehalten wird, besitzt er alle aufgeführten Eigenschaften. […] Nach den zeitgenössischen Spielarten des modernen Himmels bestehen Persönlichkeit und Individualität der guten Seele im Jenseits fort. Gleichzeitig ist der moderne Himmel heute entschieden theozentrischer [Gott bildet das Zentrum] als sein viktorianischer [viktorianische Zeit: 18. und 19. Jh.] Vorgänger. Nach [einer] […] Umfrage erwarten nur 8% der Befragten im Himmel oder im Leben nach dem Tod materielle Freuden, während 54% glauben, sie würden in die Gegenwart Gottes oder Christi treten. Man erwartet zwar auch, die eigene Familie zu treffen, aber der Nachdruck liegt auf der Begegnung mit dem Göttlichen. In einer Zeit, in der es nicht leicht ist, überhaupt an den Himmel zu glauben, tritt dessen religiöse Seite besonders deutlich hervor. Einen Himmel ohne göttliches Zentrum kann man sich nicht vorstellen.

Bernhard Lang / Colleen McDannell: Der Himmel. Eine Kulturgeschichte des Ewigen Lebens, Suhrkamp Verlag, Frankfurt am Main 1990, S. 466f.

Vom Senfkorn

Und Jesus sprach: Womit wollen wir das Reich Gottes vergleichen, und durch welches Gleichnis wollen wir es abbilden? Es ist wie ein Senfkorn: wenn das gesät wird aufs Land, so ist's das kleinste unter allen Samenkörnern auf Erden; und wenn es gesät ist, so geht es auf und wird größer als alle Kräuter und treibt große Zweige, sodass die Vögel unter dem Himmel unter seinem Schatten wohnen können.

Markus 4,30–32

Alex Katz: Lake Light, 1992. © VG Bild-Kunst, Bonn 2008.

Warum stellen wir uns den Himmel gerade so vor, wie wir es tun? – Reto Lucius Fetz

■ *Reto Lucius Fetz, geb. 1942, ist Professor für Philosophie an der Katholischen Universität Eichstätt-Ingolstadt.*

Für die Himmelssymbolik dürfte die Antwort auf diese Grundfrage in der natürlichen Stellung des Menschen im Kosmos zu suchen sein. Bedeutsame Phänomene sind der aufrechte Gang (der ja selbst als religiöse Ausrichtung des Hauptes auf den Himmel gedeutet wurde) und die auf die Vertikale und Horizontale fixierten physiologischen [körperlichen] Orientierungssysteme; dazu kommen alle Urerfahrungen, welche mit dem Gegensatz zwischen Höhe und Tiefe, zwischen Befreiung und Beengung, zwischen Überlegenheit und Unterlegenheit zu tun haben. In dieser mit der Existenzsituation des Menschen verknüpften Oben-Unten-Polarität können wir die natürliche Basis der Himmelssymbolik erblicken, von der wir annehmen dürfen, dass sie seit den Anfängen der Menschheit gegeben ist und trotz aller Menschheitsrevolutionen weiter besteht. Dass sie in einer modernen, von der Wissenschaft geprägten Zivilisation jedoch anders gelebt und neu angeeignet werden muss, zeigt nun gerade die individuelle Entwicklung. [...]

Die auf den vorangegangenen Entwicklungsstufen [der Kindheit] angetroffene Projektion religiöser Vorstellungen auf einen Realraum wird [in der Jugendzeit] reflektiert und rückgängig gemacht. Das Subjekt kann nun erklären, die Aussage »Gott ist im Himmel« sei nicht »wörtlich« zu verstehen, sondern »bildhaft« zu nehmen; von rund sechzehn Jahren an kommt die begründete Antwort, der Himmel sei ein »Symbol«.

Reto Luzius Fetz: Die Entwicklung der Himmelssymbolik. Ein Beispiel genetischer Semiologie, JRP 2, 1986, S. 206–214, hier 211f.

19. Dein Reich komme – von selbst?

Im Judentum zur Zeit Jesu war umstritten, ob die Menschen die Ankunft des Gottesreiches aktiv vorantreiben können und sollen, oder ob allein Gott dies bewirken kann.

»Denn von selbst bringt die Erde Frucht ...«

■ *In einem Gottesreichgleichnis spricht Jesus vom Wachsen der Saat (Mk 4,26–29). Dieses Gleichnis wird von modernen Bibelwissenschaftlern unterschiedlich gedeutet. Die Auslegungen führen zu zwei gegensätzlichen Handlungsoptionen:*

Der Bauer ist eingangs bei der Saat und ausgangs bei der Ernte aktiv. In der Mitte ist der menschenunabhängige Wachstumsprozess erzählerisch stark ausgearbeitet. Dabei ergibt sich die übliche Abfolge: Saat, Wachstum und Ernte. Etwa in der Mitte steht das entscheidende »von selbst« [...] am Satzeingang. Das Gleichnis will der Zuversicht Ausdruck geben, dass, wenn die Aussaat geschehen ist, im üblichen Zeitabstand wie von selbst der Bauer ernten kann.

Dieses durch Gott bereitete Wachstum ist nicht als besonderes Wunder vorgestellt, sondern ein üblicher Aspekt der göttlichen Erhaltung der Schöpfung [...] Um des Aussagezieles willen sind dabei zwischenzeitliche Arbeiten (Wildkräuter jäten, wässern) und negative Natureinflüsse (Dürre, Schädlinge) ausgeklammert. Der Wirklichkeitshorizont ist also bewusst verengt. Müheloses Wachstum ohne menschliche Arbeit wird nach frühjüdischer Hoffnung erst die Heilszeit bringen.

Jürgen Becker: Jesus von Nazaret, Verlag Walter de Gruyter, Berlin/New York 1996, S. 153.

Der Begriff »von selbst« [...] wird in der Regel nur für wild wachsende Pflanzen benutzt, hier wird er auf eine Kulturpflanze übertragen und streng auf die Zeit zwischen Aussaat und Ernte begrenzt. Das Gleichnis hat seine Pointe in der Kooperation zwischen Bauern und Erde bei der Hervorbringung der Frucht. Da hinter dem Bauern am Ende des Gleichnisses (4,29) der Weltenrichter hervorlugt, dürfte das Ganze ein Bild für die Kooperation von Gott und Mensch sein: Gott vertraut seinen Samen der Erde, dem Menschen, an, damit dieser spontan, freiwillig und »von selbst« Frucht hervorbringe.

Gerd Theißen/Annette Merz: Der historische Jesus, Vandenhoeck & Ruprecht, Göttingen, 3. Auflage 2001, S. 335.

Das Gleichnis von der selbst wachsenden Saat

Und er sprach: Mit dem Reich Gottes ist es so, wie wenn ein Mensch Samen aufs Land wirft und schläft und aufsteht, Nacht und Tag; und der Samen geht auf und wächst – er weiß nicht, wie.
Denn von selbst bringt die Erde Frucht.

Markus 4,26–28

Kämpfen für das Reich Gottes? – Die Zeloten

Die Zeloten waren eine antirömische jüdische Aufstandsgruppe im 1. Jahrhundert. Meist führt man sie, gestützt auf Josephus, auf die so genannte vierte ›philosophische Sekte‹ zurück, die Judas der Galiläer 6 n. Chr. als radikalen Flügel von den Pharisäern abspaltete. Sie forderten die Alleinherrschaft Gottes und traten für rigorose Gesetzesauslegung ein. Die Zeloten waren von der eschatologischen, d. h. endzeitlichen/göttlichen Befreiung durch Kampf überzeugt. Anders als die Pharisäer glaubten sie, dass sie bei diesem Kampf aktiv mitwirken sollten. Im Jahr 66 n. Chr. kam es zum Krieg zwischen Juden und Römern. Bei Beginn des Aufstands gegen Rom [66 n. Chr.] führten der Priester Eleazar ben Simon und Menachem, der Sohn Judas des Galiläers, die Widerstandsgruppe der Zeloten an, zu der man auch die Sikarier (›Dolchmänner‹) rechnet. Vier Jahre später marschierten die Römer in Jerusalem ein und zerstörten den Tempel. Nur eine kleine Gruppe jüdischer Zeloten verschanzte sich auf der Burg Masada. Obwohl ihre militärische Lage aussichtslos war, leistete sie unter schrecklichen Entbehrungen noch vier weitere Jahre Widerstand.

Nach: G. Bodendorfer-Langer: Art. Zeloten, LThK 10, Herder Verlag, Freiburg i.Br. 2001, Sp. 1418f.

Möglichst viele Menschen gewinnen – Attac

Attac – eine Bewegung mit Zukunft
Attac – die französische Abkürzung für »Vereinigung zur Besteuerung von Finanztransaktionen im Interesse der BürgerInnen« – wurde 1998 in Frankreich gegründet. Lag der ursprüngliche Fokus von Attac in dem Eintreten für eine demokratische Kontrolle der internationalen Finanzmärkte und der Einführung der Tobin-Steuer, so haben wir uns mittlerweile der gesamten Problematik neoliberaler Globalisierung angenommen. [...].

Attac aktiv – Was wir machen
Attac versteht sich als Bildungsbewegung mit Aktionscharakter und Expertise. Über Vorträge, Publikationen, Podiumsdikussionen und eine intensive Pressearbeit werden die komplexen Zusammenhänge der Globalisierungsthematik einer breiten Öffentlichkeit vermittelt und Alternativen zum neoliberalen Dogma aufgezeigt.

Veränderung beginnt vor Ort – Attacgruppen
Im Mittelpunkt stehen bei Attac die Menschen, die vor Ort und in bundesweiten Aktionsgruppen und Arbeitskreisen aktiv werden. In über 160 Orten gibt es bereits Attac-Gruppen. Sie machen beispielsweise kreative Aktionen gegen die neue Welthandelsrunde der WTO oder vor der Filiale eines in Steueroasengeschäfte verwickelten Konzerns.

Aus einer Selbstdarstellung
http://www.attac.de/ueber-attac/was-ist-attac/
(Referenzdatum: 30. 3. 2008)

Georgia O'Keeffe: Leiter zum Mond, 1958. © VG Bild-Kunst, Bonn 2008.

20. »Liebet eure Feinde …«

Desmond Tutu: Man hätte Menschen erschossen, um die Strand-Apartheid zu erhalten

■ *Der südafrikanische schwarze Bischof Tutu, geb. 1931, ist einer der prominentesten Gegner der Apartheid, der Trennung von Weißen und Schwarzen und Diskriminierung der schwarzen Bevölkerungsmehrheit.*

Wir hatten befunden, dass die Apartheidgesetze nicht zu befolgen seien, weil sie eine so krasse Ungerechtigkeit waren, und wollten ein unerträgliches, böses System gewaltlos zum Ende bringen. Wir beschlossen, an einem Samstag in Kapstadt die Strand-Apartheid zu brechen. Wir mussten Spießruten laufen zwischen Straßensperren mit schwer bewaffneten Polizisten, Polizeihunde, Peitschen und Tränengas stets im Blick. Am Strand wies uns der zuständige Polizeibeamte darauf hin, dass scharfe Munition eingesetzt würde, wenn wir unseren Zug nicht sofort auflösten. Unglaublich, dass man Menschen erschossen hätte, um die Strand-Apartheid zu erhalten, um Gottes Kinder von Gottes Stränden fern zu halten. Als unsere Kinder noch klein waren, machten Leah und ich oft ein Picknick am Strand in East London. Südafrika hat wunderbare Strände, aber für die Schwarzen war immer der unattraktivste, felsige Teil vorgesehen. Ganz in der Nähe war ein Spielplatz mit einem Mini-Zug und unsere Jüngste, die in England geboren worden war, sagte: »Daddy ich möchte auf die Schaukel.« Mit belegter Stimme und einem Stein in der Magengrube musste ich ihr sagen: »Nein, mein Liebes, das darfst du nicht.« Wie würden Sie sich fühlen, was würden Sie sagen, wenn Ihr Kind erwidert: »Aber Daddy, andere Kinder spielen da doch auch.« Wie sagen Sie ihrem kleinen Liebling, dass sie da nicht rüber darf, weil sie zwar ein Kind ist, aber kein richtiges Kind, nicht so ein Kind?

Desmond Tutu: Gott hat einen Traum. Neue Hoffnung für unsre Zeit. Aus dem Englischen von Astrid Ogbeiwi, Heinrich Hugendubel Verlag, Kreuzlingen/München 2004, S. 60f.

Desmond Tutu: Der Sieg ist unser

Güte ist stärker als das Böse;
Liebe ist stärker als Hass;
Licht ist stärker als Dunkelheit;
das Leben ist stärker als der Tod;
der Sieg ist unser durch Ihn, der uns liebt.

Desmond Tutu, in: Meine afrikanischen Gebete, Heinrich Hugendubel Verlag, Kreuzlingen/München 2005, S. 111.

Reiner Kunze: Friedenskinder

■ *Der Schriftsteller Reiner Kunze, geb. 1933, lebte bis 1977 in der DDR. Wegen seiner z.T. regimekritischen Gedichte war er vielen Repressalien ausgesetzt, die ihn schließlich zur Ausreise in die Bundesrepublik veranlassten. In seinem Buch »Die wunderbaren Jahre« schildert Kunze Episoden, die zeigen, wie sich das damalige Feindbild gegen den Westen im Denken der Kinder niederschlägt.*

Sechsjähriger

Er durchbohrt Spielzeugsoldaten mit Stecknadeln. Er stößt sie ihnen in den Bauch, bis die Spitze aus dem Rücken tritt.
Er stößt sie ihnen in den Rücken, bis die Spitze aus dem Bauch tritt.
Sie fallen.
»Und warum gerade diese?«
»Das sind doch die andern.«

Siebenjähriger

In jeder Hand hält er einen Revolver, vor der Brust hat er eine Spielzeugmaschinenpistole hängen.
»Was sagt denn deine Mutter zu diesen Waffen?«
»Die hat sie mir doch gekauft.«
»Und wozu?«
»Gegen die Bösen.«
»Und wer ist gut?«
»Lenin.«
»Lenin? Wer ist das?«
Er denkt angestrengt nach, weiß aber nicht zu antworten.
»Du weißt nicht, wer Lenin ist?«
»Der Hauptmann.«

Neunjährige

Pfarrer: »Sagen wir, es käme ein Onkel aus Amerika …«
Erster Schüler: »Gibt's ja nicht. Der wird doch gleich von den Panzern erschossen. (Mit der Geste eines Maschinenpistolenschützen:) Eeng – peng – peng – peng!« (Die anderen Schüler lachen.)
Pfarrer: »Aber wieso denn?«
Erster Schüler: »Amerikaner sind doch Feinde.«
Pfarrer: »Und Angela Davis? Habt ihr nicht für Angela Davis eine Wandzeitung gemacht?«
Erster Schüler: »Die ist ja keine Amerikanerin. Die ist ja Kommunistin.«
Zweiter Schüler: »Gar nicht, die ist Neger.«

Reiner Kunze: Die wunderbaren Jahre, S. Fischer Verlag, Frankfurt am Main 1978, S. 9f.12.

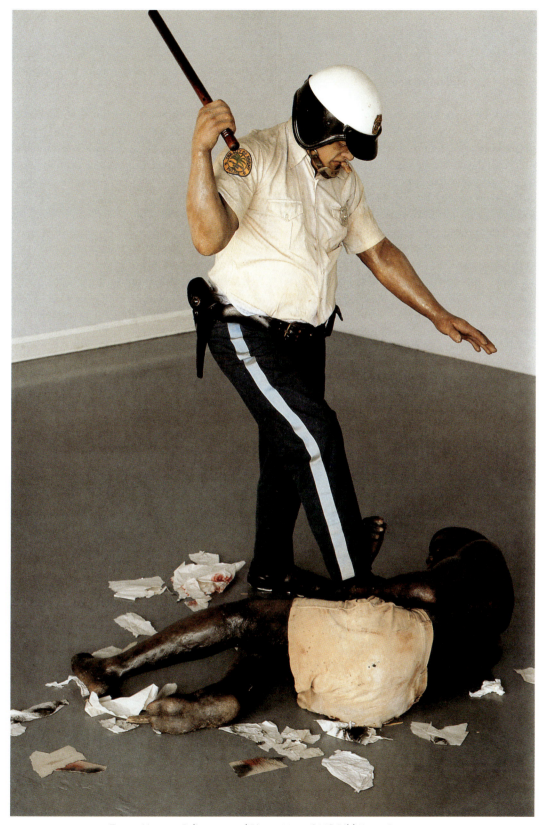

Duane Hanson: Policeman and Rioter, 1967. © VG Bild-Kunst, Bonn 2008.

Ihr habt gehört, dass gesagt ist: »Du sollst deinen Nächsten lieben« (3. Mose 19,18) und deinen Feind hassen. Ich aber sage euch: Liebt eure Feinde und bittet für die, die euch verfolgen, damit ihr Kinder seid eures Vaters im Himmel.

Matthäus 5,43–45

G – Was Jesus sagte: Gleichnisse und Bergpredigt

21. »Ihr habt gehört, dass zu den Alten gesagt ist …«

Ich aber sage euch – Jesu Stellungnahme zur Tora

Zu Jesu Zeiten wie auch heute bildet die Tora das Herzstück des jüdischen Glaubens. In den 5 Büchern Mose stehen die 613 Ge- und Verbote, an denen sich jüdisches Leben ausrichtet. Die Tora ist die Weisung, deren Einhaltung Leben, deren Missachtung dagegen das Scheitern ankündigt. Die Verlesung von Passagen aus der Tora bildet von daher auch den Mittelpunkt des jüdischen Gottesdienstes in der Synagoge. Auch Jesus hat im Synagogengottesdienst den für den Tag vorgesehenen Ausschnitt aus der Tora vorgelesen und manchmal wohl auch ausgelegt.

Die Evangelien zeigen uns im Hinblick auf Jesu Haltung zur Tora ein unterschiedliches Bild. So berichten alle Evangelien von Konflikten wegen der Einhaltung des Sabbats. Meist geht es um die Frage, ob Heilungen am Sabbat erlaubt oder verboten seien. Aber auch in den wichtigen Fragen von Reinheit und Unreinheit bezieht Jesus in einer Weise Stellung, die von vielen anderen jüdischen Zeitgenossen abgelehnt wird.

Heute sieht man in diesen Kontroversen eine Form der Auseinandersetzung um die rechte Auslegung der Tora, die durchaus üblich war. So gab es auch in der pharisäischen Tradition durchaus konkurrierende Schulen (Schammai und Hillel). In der Zeit der Abfassung der Evangelien war das Verhältnis zwischen frühem Christentum und dem Judentum dann bereits so gespannt, dass diese innerjüdischen Konflikte häufig als Auseinandersetzung Jesu mit dem Judentum erscheinen.

Jesu Auslegung der Tora steht wohl im Dienste seiner Verkündigung des Königreiches Gottes, dessen Anbrechen er mit seinem eigenen Kommen verbindet. In der Bergpredigt des Matthäusevangeliums wird Jesus daher gleichzeitig als Bestätiger und als Überbieter der Tora geschildert. In Mt 5,17–19 macht Jesus deutlich, dass die Tora bis hin zum letzten Buchstaben Gültigkeit hat. Gleichzeitig macht er aber in den anschließenden »Antithesen« deutlich, dass diese Weisungen (z. B. zum Töten, zum Ehebrechen oder zum Schwören) nicht nur dem Buchstaben nach einzuhalten sind, sondern viel radikaler und grundsätzlicher, so dass bereits der Gedanke an einen Bruch des Gebots für Jesus eine Verfehlung darstellt.

Von der Praxis Jesu her lässt sich deshalb ein judenchristlicher Weg, der Verbindung von Glauben an Jesus Christus mit Beachtung der Tora gut begründen. Aber auch der letztlich erfolgreichere heidenchristliche Weg, der den Glauben an Jesus Christus und seine Reich-Gottes-Verkündigung als »Überwindung« der Einzelregelungen der Tora sieht, kann sich auf Jesu Verkündigung und sein Handeln berufen, wenn er etwa die Menschenfreundlichkeit des Sabbats zum Anlass nimmt, sich gegen eine einschränkende Auslegung zu stellen.

Roland Deines: Die Pharisäer als normatives Judentum

■ *Roland Deines, geb. 1961, beschäftigt sich mit dem jüdischen Hintergrund der neutestamentlichen Schriften. Er ist Lecturer für Neues Testament an der Universität von Nottingham und Gastdozent an der Ben Gurion University of the Negev in Beer-Sheva, Israel.*

Die grundsätzlich zutreffende Dreiteilung des Judentums [in Pharisäer, Sadduzäer und Essener], die von den Qumran-texten bestätigt ist, lässt die Pharisäer in einer neuen Weise als die grundlegende und prägende religiöse Strömung innerhalb des palästinischen Judentums zwischen 150 v. und 70 n. Chr. verstehen. In ihr ist alles eingeschlossen, was zur Tora-Tradition gehört, und alles Neue kann von den Vertretern dieser Strömung integriert werden, sofern es nicht das Prinzip der Gültigkeit der Tora-Tradition, wie sie die Pharisäer verstehen, in Frage stellt.

Als normativ kann der Pharisäismus bezeichnet werden, weil das, was seine anerkannten Vertreter (in der Regel wohl seine Schriftgelehrten und Priester) integrierten und damit legitimierten, allmählich in den Besitz ganz Israels überführt wurde. Sie waren im Bewusstsein der Mehrheit des Volkes diejenige religiöse Gruppe, die die Grenzen dessen bestimmte, was noch jüdisch war und was nicht. Darum betreiben die Pharisäer und ihre rabbinischen Nachfolger zunehmend die Ausgrenzung der Judenchristen, darum aber auch ihr Interesse seit den Tagen Jesu an diesem Lehrer. Es lag an der Erwartung des Volkes, dass sie zu dem neuen Lehrer aus Galiläa Stellung nehmen mussten.

Normativ für das Judentum kann diese Prägung insoweit genannt werden, als in den pharisäischen Idealen die jüdische Mehrheit den authentischen Ausdruck von Jüdischkeit anerkannte. Anerkannte heißt nicht, dass diese Mehrheit sie in vollem Umfang praktizierte. Die ›pharisäischen Ideale‹ blieben für die Mehrheit des Volkes ein schwer erreichbares Ideal. Für die Auslegung des Neuen Testaments und für die Geschichte Jesu und des frühen Christentums bedeutet dies, dass sich Jesus und Paulus mit der religiös dominierenden Strömung (die zugleich die ihnen nahestehendste war) ihres Volkes auseinandersetzten. Hier musste exemplarisch deutlich werden, was beide miteinander verband und voneinander schied. Die historischen Pharisäer sind und bleiben – abgesehen von den gemeinsamen »Heiligen Schriften« – das stärkste Band, das Christentum und Judentum miteinander verbindet, auch wenn in ihnen zugleich der Gegensatz markiert ist, der beide voneinander unterscheidet.

Roland Deines: Die Pharisäer: ihr Verständnis im Spiegel der christlichen und jüdischen Forschung seit Wellhausen und Graetz (WUNT I,101), Mohr Siebeck, Tübingen 1997, S. 554f.

> Ihr sollt nicht meinen, dass ich gekommen bin, das Gesetz oder die Propheten aufzulösen; ich bin nicht gekommen aufzulösen, sondern zu erfüllen.
>
> *Matthäus 5,17*

Keith Haring: Die zehn Gebote. © The Estate of Keith Haring.

G – Was Jesus sagte: Gleichnisse und Bergpredigt

22. »Wenn ihr betet …«

Ulrich Luz: Verbundenheit von Praxis und Gebet

■ *Ulrich Luz, geb. 1938 in der Schweiz, ist emeritierter Professor für Neues Testament in Bern.*

Das Unservater will nicht Theologie, sondern Gebet ermöglichen. Matthäus hat das sehr wohl gewusst. Er hat mit Bedacht in seiner Bergpredigt die Jünger, nachdem er sie mit der Forderung der besseren Gerechtigkeit und der Vollkommenheit konfrontiert hatte, in den Innenraum des Gebets geführt. Hier ist das Zentrum der Bergpredigt. Matthäus führt also den Menschen durch das Handeln zur Gnade. Der Mensch, der unterwegs ist zur Vollkommenheit (5,20–48), lernt in diesem Zentrum den ihn fordernden Willen Gottes als Willen des Vaters verstehen. Und das heißt: Nicht als tötenden und nicht als überfordernden, sondern als heilsamen Willen Gottes. Der Weg von der Praxis der Vollkommenheit ins Gebet zum Vater und dann wieder zurück zu den Früchten der guten Werke, den Matthäus im Laufe der Bergpredigt geht, hat große Tiefe. Matthäus weiß um die tiefe Verbundenheit von Praxis und Gnade im Gebet. Damit nimmt er Ansätze auf, die im jesuanischen Unservater stecken. […]
Für Matthäus ist Gebet keine Flucht aus der Praxis, sondern ihre Innenseite. Das Gebet ermöglicht es den Jesusjüngern, die Forderungen Jesu als Willen des Vaters [zu] erfahren und daraus Kraft zu schöpfen. Gebet wird durch das Handeln nicht überflüssig, sondern das Handeln bleibt auf das Gebet dauernd angewiesen. Matthäus zeigt hier gegenüber heutigen kritischen Fragern eine Tiefe und einen inhaltlichen Überschuss, über den nachzudenken sich lohnt.

Ulrich Luz: Das Evangelium nach Matthäus, 1. Teilband (Mt 1–7), EKK I/1, Neukirchener Verlag, Neukirchen-Vluyn 1985, S. 352f.

Immanuel Kant: Das Beten ist ein abergläubischer Wahn

■ *Der Philosoph Immanuel Kant (1724–1804) gilt als Begründer der modernen kritischen Vernunft-Philosophie. Die Vernunft ist für ihn letzter Maßstab für alles menschliche Denken und Handeln – und auch für die Religion, wie bereits der Titel seiner Schrift »Die Religion innerhalb der Grenzen der bloßen Vernunft« zum Ausdruck bringt. Unter diesem Gesichtspunkt prüft er hierin auch die religiösen Rituale und Ausdrucksformen.*

Das Beten, als ein innerer förmlicher Gottesdienst und darum als Gnadenmittel gedacht, ist ein abergläubischer Wahn (ein Fetischmachen); denn es ist ein bloß erklärtes Wünschen gegen ein Wesen, das keiner Erklärung der inneren Gesinnung des Wünschenden bedarf, wodurch also nichts getan und also keine von den Pflichten, die uns als Gebote Gottes obliegen, ausgeübt, mithin Gott wirklich nicht gedient wird. Ein herzlicher Wunsch, Gott in allem unserm Tun und Lassen wohlgefällig zu sein, d. i. die alle unsere Handlungen begleitende Gesinnung, sie, als ob sie im Dienste Gottes geschehen, zu betreiben, ist der Geist des Gebets, der »ohne Unterlass« in uns stattfinden kann und soll. Diesen Wunsch aber (es sei auch nur innerlich) in Worte und Formeln einzukleiden, kann höchstens nur den Wert eines Mittels zu wiederholter Belebung jener Gesinnung in uns selbst bei sich führen, unmittelbar aber keine Beziehung aufs göttliche Wohlgefallen haben, eben darum auch nicht für jedermann Pflicht sein: weil ein Mittel nur dem vorgeschrieben werden kann, der es zu gewissen Zwecken bedarf, aber bei weitem nicht jedermann dieses Mittel (in und eigentlich mit sich selbst, vorgeblich aber desto verständlicher mit Gott zu reden) nötig hat, vielmehr durch fortgesetzte Läuterungen und Erhebung der moralischen Gesinnung dahin gearbeitet werden muss, dass dieser Geist des Gebets allein in uns hinreichend belebt werde, und der Buchstabe desselben (wenigstens zu unserm eigenen Behuf) endlich wegfallen könne.

Immanuel Kant: Die Religion innerhalb der Grenzen der bloßen Vernunft, zit. nach: Kants Werke Bd. VI, Verlag Walter de Gruyter, Berlin/ New York 1968, S. 194f.

Bertolt Brecht: Bet, armes Tier, bet!

■ *Bertolt Brecht (1898–1956) schrieb das Theaterstück »Mutter Courage und ihre Kinder« als eine Art Chronik aus dem Dreißigjährigen Krieg im Jahr 1939. Mutter Courage zieht als Marketenderin mit den Soldaten. Sie verdient am Krieg und verliert ihre Kinder an ihn. Schließlich ist ihr nur eine Tochter, die stumme Katrin, übrig geblieben. Die kaiserlichen Truppen nähern sich der evangelischen Stadt Halle. Angesichts der drohenden Katastrophe wendet sich eine Bäuerin an Katrin.*

»Bet, armes Tier, bet! Wir können nix machen gegen das Blutvergießen. Wenn du schon nicht reden kannst, kannst' doch beten. Er hört dich, wenn dich keiner hört. Ich helf dir.« (Alle knien nieder, Katrin hinter den Bauersleuten.) »Vater unser, der du bist im Himmel, hör unser Gebet, lass die Stadt nicht umkommen mit alle, wo drinnen sind und schlummern und ahnen nix. Erweck sie, dass sie aufstehn und gehen auf die Mauern und sehn, wie sie auf sie kommen mit Spießen und Kanonen in der Nacht über die Wiesen, herunter vom Hang.« (Zu Katrin zurück:) »Beschirm unsere Mutter und mach, dass der Wächter nicht schläft, sondern aufwacht, sonst ist es zu spät.« […]
(Katrin hat sich unbemerkt zum Wagen geschlichen, etwas herausgenommen, es unter ihre Schürze getan und ist die Leiter hoch aufs Dach des Stalles geklettert.) […]
Der Bauer: »Und vergib uns unsere Schuld, wie auch wir vergeben unsern Schuldigern. Amen.«
(Katrin beginnt, auf dem Dach sitzend, die Trommel zu schlagen, die sie unter ihrer Schürze hervorgezogen hat.)

Bertolt Brecht, zit. nach: Gesammelte Werke 4, Suhrkamp Verlag, Frankfurt am Main 1973, S. 1432f.

> Wenn ihr betet, sollt ihr nicht viel plappern wie die Heiden; denn sie meinen, sie werden erhört, wenn sie viele Worte machen. Denn euer Vater weiß, was ihr bedürft, bevor ihr ihn bittet.
>
> *Matthäus 6,7f.*

Henry Moore: Mädchen mit gefalteten Händen, 1930.

Gib, dass ich tu' mit Fleiß,
Was mir zu tun gebühret,
Wozu mich dein Befehl
In meinem Stande führet!

Gib, dass ich's tue bald,
Zu der Zeit, da ich soll
Und wenn ich's tu', so gib,
Dass es gerate wohl!

Johann Heermann, 1630, Evangelisches Gesangbuch 495,2

H Tod und Auferstehung

Dass Jesus in der Zeit des römischen Statthalters Pontius Pilatus gekreuzigt worden ist, gehört zu den historisch am besten belegten Passagen seines Lebens. Schwieriger ist es, diesen Tod zu deuten. Jeden Tag sterben Menschen – sinnlos und unschuldig. Christliche Theologie hat von Anfang an versucht zu verstehen, was das Besondere des Todes Jesu war und ist. Dahinter stehen tiefer gehende Fragen wie die, ob und wie man das Böse bekämpfen kann und ob man dabei selber böse wird bzw. werden muss. So gesehen hat dann auch die Auferweckung Jesu eine doppelte Bedeutung. Durch dieses Ereignis wird der Weg Jesu ans Kreuz und sein sinnloser Tod plötzlich sinnvoll. Man kann erkennen, dass er nur eine Durchgangsstation war. Paulus meint später, dass die Auferstehung Jesu zeige, dass dieses einmalige Ereignis, dass der Tod überwunden werden kann, nun nicht mehr so einmalig bleiben werde, weil jetzt alle Christen die berechtigte Hoffnung haben, dass dies ihnen auch einmal widerfahren wird. Von daher ist es nicht verwunderlich, dass Jesu Passion und seine Auferweckung die wichtigsten Geschichten für Christen sind und an Karfreitag und Ostern jedes Jahr aufs Neue erinnert werden.

23. Gestorben, um uns zu erlösen?

Wir danken dir, Herr Jesu Christ,
dass du für uns gestorben bist
und hast uns durch dein teures Blut
gemacht vor Gott gerecht und gut,

und bitten dich, wahr' Mensch und Gott,
durch dein heilig fünf Wunden rot:
erlös uns von dem ew'gen Tod
und tröst uns in der letzten Not.

Behüte uns vor Sünd und Schand
Und reich uns dein allmächtig Hand,
dass wir im Kreuz geduldig sein,
uns trösten deiner schweren Pein

und schöpfen draus die Zuversicht,
dass du uns wirst verlassen nicht,
sondern ganz treulich bei uns stehn,
dass wir durchs Kreuz ins Leben gehn.

Christoph Fischer (vor 1568), Evangelisches Gesangbuch 79.

Thomas Söding: Befreiung von der Harmlosigkeit vieler Glaubensbilder

■ *Thomas Söding, geb. 1956, ist Professor für Biblische Theologie an der katholisch-theologischen Fakultät der Universität Wuppertal.*

Jesus ist am Kreuz gestorben. Sein Leiden war fürchterlich. Und nach den ältesten Zeugnissen des Glaubens liegt im Kreuz das Heil. […] Die schweren Fragen des Glaubens lauten: Warum musste Jesus sterben? Weshalb hat er sein Leben hingegeben? Wofür soll der Tod Jesu gut sein? […]

Szene aus dem Film »Die Passion Christi« von Mel Gibson. Foto © picture-alliance/dpa.

Die Evangelien sind überzeugt: Jesus ist unschuldig verurteilt worden. Sie glauben: Er ist der Sohn Gottes, der »für uns« gelebt hat und so auch für uns gestorben ist. Deshalb erzählen sie in einer Ausführlichkeit vom Leiden und Sterben Jesu, wie dies im Altertum verpönt war. Haben wir uns vielleicht zu sehr daran gewöhnt? Können wir noch nachvollziehen, weshalb Paulus sagt, der Kreuzestod Jesu sei skandalös und absurd? Wenn der Film von Mel Gibson hilft, sich von der verbindlichen Harmlosigkeit allzu vieler Glaubensreden und Glaubensbilder zu befreien und den Schrecken nachzuempfinden, ohne den es kein Aufatmen gibt, hätte er viel erreicht.

Es bleibt der harte Kern des Glaubensbekenntnisses: »Gekreuzigt unter Pontius Pilatus.« Gefragt ist eine Theologie, die diesem Satz standhält. Angst vor großen Gefühlen darf sie dann nicht haben. Aber Zutrauen darein, dass im Spiegel der Evangelien der leidende Jesus so zu sehen ist, wie er wirklich war – und wie es bleiben wird.

Thomas Söding: Der Gottessohn aus Nazareth. Das Menschsein Jesu im Neuen Testament, Herder Verlag, Freiburg i. Br. 2006.

Stanley Spencer: Christ carrying the cross, 1920. © VG Bild-Kunst, Bonn 2008.

Erich Fried: Die Maßnahmen

Die Faulen werden geschlachtet
Die Welt wird fleißig

Die Hässlichen werden geschlachtet
Die Welt wird schön

Die Narren werden geschlachtet
Die Welt wird weise

Die Kranken werden geschlachtet
Die Welt wird gesund

Die Traurigen werden geschlachtet
Die Welt wird lustig

Die Alten werden geschlachtet
Die Welt wird jung

Die Fremden werden geschlachtet
Die Welt wird freundlich

Die Bösen werden geschlachtet
Die Welt wird gut.

Erich Fried: Gesammelte Werke, Bd. 1, Verlag Klaus Wagenbach, Berlin 1993, S. 566.

H – Tod und Auferstehung

24. Historische Hintergründe des Todes Jesu

Gerd Theißen / Annette Merz: Keine dieser Aussagen ist eine neutrale historische Feststellung

Bei der Frage nach den geschichtlichen Ursachen des Todes Jesu hat die historische Wissenschaft eine besondere Aufklärungspflicht, weil christlicher Antijudaismus immer wieder durch den Vorwurf Nahrung erhalten hat, »die Juden« hätten Jesus getötet. Historisch könnte man zwar allenfalls behaupten, einige Juden hätten zum Tod des Juden Jesus beigetragen, und ethisch wäre es unerträglich, daraus Konsequenzen für die Beurteilung aller Juden abzuleiten. Aber schon historisch ist der Sachverhalt komplizierter. Paulus sagt z. B. nicht nur,

»die Juden« hätten Jesus getötet (1. Thess 2,14f.), sondern auch, »die Herrscher dieser Welt« hätten ihn gekreuzigt (1. Kor 2,8). Letztlich führt er den Tod Jesu auf dessen Selbsthingabe (Gal 2,20) und auf seine Hingabe durch Gott zurück (Röm 8,32). Keine dieser Aussagen ist eine neutrale historische Feststellung, jede ist voll von Deutung. Dasselbe gilt für die Passionsberichte der vier Evangelien. Der historischen Realität kann man sich nur durch deren kritische Untersuchung und (rechts-)geschichtliche Rekonstruktion nähern. Trifft das, was nach Abzug von Tendenzen in den Quellen als wahrscheinlich erschlossen werden kann, mit dem zusammen, was (rechts-)geschichtlich möglich war, so dürfte man der historischen Wahrheit nicht fern sein.

Gerd Theißen / Annette Merz: Der historische Jesus, Vandenhoeck & Ruprecht, Göttingen, 3. Auflage 2001, S. 387f.

Schuldzuweisungen in den Evangelien: Der Römer Pilatus und das jüdische Volk

Matthäus 27,21–26	Markus 15,12–15	Lukas 23,20–25
Welchen wollt ihr? Wen von den beiden soll ich euch losgeben? Sie sprachen: Barabbas! Pilatus sprach zu ihnen: Was soll ich denn machen mit Jesus, von dem gesagt wird, er sei der Christus? Sie sprachen alle: Lass ihn kreuzigen! Er aber sagte: Was hat er denn Böses getan? Sie schrien aber noch mehr: Lass ihn kreuzigen! Als aber Pilatus sah, dass er nichts ausrichtete, sondern das Getümmel immer größer wurde, nahm er Wasser und wusch sich die Hände vor dem Volk und sprach: Ich bin unschuldig an seinem Blut; seht ihr zu! Da antwortete das ganze Volk und sprach: Sein Blut komme über uns und unsere Kinder! Da gab er ihnen Barabbas los, aber Jesus ließ er geißeln und überantwortete ihn, dass er gekreuzigt werde.	Pilatus aber fing wiederum an und sprach zu ihnen: Was wollt ihr denn, dass ich tue mit dem, den ihr den König der Juden nennt? Sie schrien abermals: Kreuzige ihn! Pilatus aber sprach zu ihnen: Was hat er denn Böses getan? Aber sie schrien noch viel mehr: Kreuzige ihn! Pilatus aber wollte dem Volk zu Willen sein und gab ihnen Barabbas los und ließ Jesus geißeln und überantwortete ihn, dass er gekreuzigt werde.	Da redete Pilatus abermals auf sie ein, weil er Jesus losgeben wollte. Sie riefen aber: Kreuzige, kreuzige ihn! Er aber sprach zum dritten Mal zu ihnen: Was hat denn dieser Böses getan? Ich habe nichts an ihm gefunden, was den Tod verdient; darum will ich ihn schlagen lassen und losgeben. Aber sie setzten ihm zu mit großem Geschrei und forderten, dass er gekreuzigt würde. Und ihr Geschrei nahm überhand. Und Pilatus urteilte, dass ihre Bitte erfüllt werde, und ließ den los, der wegen Aufruhr und Mord ins Gefängnis geworfen war, um welchen sie baten; aber Jesus übergab er ihrem Willen.
Matthäus 27,32	**Markus 15,20f.**	**Lukas 23,26f.**
Und als sie hinausgingen, fanden sie einen Menschen aus Kyrene mit Namen Simon; den zwangen sie, dass er ihm sein Kreuz trug.	Und sie führten ihn hinaus, dass sie ihn kreuzigten. Und zwangen einen, der vorüberging, mit Namen Simon von Kyrene, der vom Feld kam, den Vater des Alexander und des Rufus, dass er ihm das Kreuz trage.	Und als sie ihn abführten, ergriffen sie einen Mann, Simon von Kyrene, der vom Feld kam, und legten das Kreuz auf ihn, dass er's Jesus nachtrüge. Es folgte ihm aber eine große Volksmenge und Frauen, die klagten und beweinten ihn.

Norman Mailer: I was true to one poor habit

▪ *Norman Mailer (1923–2007) war ein amerikanischer Romanautor, Journalist, Essayist, Dichter und Drehbuchautor. In seinem Roman »The Gospel according to the Son« erzählt Mailer die Geschichte von Jesus aus dessen eigener Perspektive.*

They drove a spike into each of my wrists and another spike through each of my feet. I did not cry out. But I saw the heavens divide. Within my skull, light glared at me until I knew the colors of the rainbow; my soul was luminous with pain.

They raised the cross from the ground, and it was as if I climbed higher and into greater pain. This pain travelled across a space as vast as the seas. I swooned. When I opened my eyes, it was to see Roman soldiers kneeling on the ground beneath my feet. They were arguing how to divide my garment so that there would be a piece of cloth for each of them. But my old robe was without a seam, being woven from one end to the other. Therefore they decided: »Let us cast lots. It is only good for one.« The soldier who won took up the garment, and I remembered the woman who had been cured of an issue of blood by touching my robe. Now it hung from the arm of the soldier. And the cloth was as limp as the discarded skin of a snake.

Beside me someone groaned. Another man replied. I looked at the two thieves: One was by my right hand; the other, on the left. Below us, a man said: »He saved many; why can he not save himself?« Another said: »Since he is the Son of God, where is his Father?«

The thief to my right side now spoke: »If you are Christ, save me!«

I told myself: This man thinks only of his own life. He is a criminal. But the other thief said: »Lord, remember my face when entering your Kingdom.«

I told him: »Today, you shall be with me in paradise.«

I could not know if I believed my words, or whether the thief would hear them. My voice was less than a whisper. Even now, in the hour of my need, I was true to one poor habit – I kept offering my promises to all.

Norman Mailer: The Gospel according to the Son, Random House, New York 1997, S. 229f.

Was wird Jesus vorgeworfen? – Denkbare Alternativen

Römer: Die Anklage ist politisch: Jesus macht als »König« einen politischen Machtanspruch geltend.
Lokalaristokratie: Die Anklage ist theologisch: Jesus kritisiert den Tempel und das jüdische Gesetz und gibt sich als Messias aus.
Volk: In Teilen des Volkes gab es Ängste vor messianischen Unruhestiftern (vgl. Kap. 3 »Welcher König kann retten?«).

Knochenreste eines Gekreuzigten, gefunden in einem Grab in Jerusalem. Sichtbar sind die von einem Nagel durchbohrten Sprungbeine.

Wie lief zur Zeit Jesu ein Prozess ab?

Die römische Herrschaft wurde in Judäa durch einen aus dem Ritterstand stammenden »Präfekten« ausgeübt. […] Rechtsverhältnisse und Hinrichtungsart erweisen eindeutig die Römer als Hauptverantwortliche für den Tod Jesu.
1. Das Jus gladii [Recht des Schwertes; also: Recht, die Todesstrafe zu verhängen] war den Römern vorbehalten [vgl. Joh 18,31]. […]
2. Die Kreuzigung ist zur damaligen Zeit eine römische Todesstrafe besonders für Sklaven und Aufrührer. Sie hatte entehrenden Charakter und durfte (offiziell) nicht an römischen Bürgern vollstreckt werden. Für Palästina ist sie als römische Todesstrafe gut bezeugt. […] Hätte eine jüdische Instanz Jesus zum Tode verurteilt, so wäre die Hinrichtung vermutlich durch Steinigung (wie bei seinem Bruder Jakobus) oder durch Enthauptung (wie bei seinem Vorgänger Johannes dem Täufer: Mk 6,21–29) vollzogen worden. Auch in diesem Fall hat allein das JohEv [Johannesevangelium] den Zusammenhang zwischen Hinrichtungsart und Verurteilung durch die Römer festgehalten: Weil Juden das Jus gladii nicht besitzen, wird Jesus gekreuzigt (18,31f.).
3. Das Prozessverfahren gegen Jesus vor Pontius Pilatus kann rechtlich als coercitio oder cognitio gewertet werden.
»Coercitio« (= »Strafe, Zwangsmaßnahme«) ist die Vollmacht jedes römischen Statthalters, alle Zwangsmaßnahmen durchzuführen, die zur Aufrechterhaltung der öffentlichen Ordnung notwendig sind. Hierbei handelte es sich um nichts anderes als legalisierte Willkür.
»Cognitio« ist dagegen ein formelles Verfahren nach Rechtsregeln – mit Anklage, Verhör, Geständnis (wobei Schweigen als Geständnis gewertet wurde) und Urteil (ein Geständnis machte ein Urteil überflüssig). Das Urteil wurde aufgrund eines vorhandenen Gesetzes gefällt.
Wahrscheinlich handelte es sich um ein formelles Verfahren. Der […] titulus crucis [die Kreuzesinschrift: »Jesus von Nazareth, König der Juden«] weist auf eine förmlich festgestellte Gesetzesverletzung.

Gerd Theißen / Annette Merz: Der historische Jesus, Vandenhoeck & Ruprecht, Göttingen, 3. Auflage 2001, S. 399–401.

H – Tod und Auferstehung

25. Deutungen des Todes Jesu

Deutungsmodelle zum Tod Jesu – Jürgen Roloff

■ *Jürgen Roloff (1930–2004) war Professor für Neues Testament in Erlangen. Er befasste sich vor allem mit der Frage der Auslegung und Interpretation der neutestamentlichen Überlieferung.*

Das Kontrastschema

Es dürfte das älteste Deutungsschema sein, mit dessen Hilfe die nachösterliche Gemeinde den Sinn des Sterbens Jesu zu ergründen suchte. Durch die Petruspredigten der Apostelgeschichte ziehen sich kerygmatische Aussagen, für die das Gegeneinander des Handelns der Juden, die Jesus gekreuzigt haben, und des Handelns Gottes, der ihn auferweckt hat, konstitutiv ist: »Jesus Christus, den Nazoräer, den ihr gekreuzigt habt, hat Gott von den Toten erweckt« (Apg 4,10; vgl. 2,22f.; 3,13ff.; 5,30f.; 10,39f.). Auch wenn die Petrusreden der Apostelgeschichte weitgehend das schriftstellerische Werk des Lukas sind, handelt es sich hier um ein altes Motiv, das auch in anderen Formeltraditionen erscheint (1.Thess 4,14a; Röm 8,34; 14,9). Sein Sitz im Leben dürfte die Diskussion der judenchristlichen Gemeinde mit jüdischen Menschen und – im Zusammenhang damit – die missionarische Verkündung für Israel gewesen sein. Jüdischen Kritikern, die, etwa im Sinne von Mk 15,26.29f., unter Hinweis auf das Kreuz die Widerlegung des messianischen Anspruchs Jesu behaupteten, hielt man entgegen: Das Kreuz ist zwar ein von Menschen gewirktes Unheilsgeschehen; es ist jedoch nicht das abschließende Urteil Gottes über Jesus. Dieses abschließende Urteil ist nämlich in Jesu Erhöhung ergangen; ihm gilt es nunmehr im Blick auf Jesus recht zu geben. Hier – und nicht etwa in der Verurteilung der Menschen, die dieses Unheilsgeschehen bewirkt haben – liegt die Spitze des Kontrastschemas. Es will die Möglichkeit zu einer Revision des den Tod Jesu auslösenden menschlichen Urteils im Lichte des in der Auferweckung ergangenen abschließenden Urteils Gottes über Jesus eröffnen, indem es zur Umkehr ruft.

Der Tod und die Auferweckung/Erhöhung erscheinen in diesem Schema als zwei Stationen des Weges Jesu, die dem Weg des leidenden Gerechten entsprechen. Der Gedanke an eine eigenständige Heilsbedeutung des Todes Jesu fehlt hier noch; erst recht ist das Sühnetodmotiv hier noch nicht ausgeprägt. Das Kreuz bildet lediglich den dunklen Kontrast zu Gottes Handeln in Auferweckung und Erhöhung Jesu.

Das heilsgeschichtlich-kausale Deuteschema

Weit größeren Raum nimmt ein zweites Schema ein, das den Tod Jesu als notwendige heilsgeschichtliche Anordnung Gottes deutet. Sein Hintergrund ist in den apokalyptischen Vorstellungen von den endzeitlichen Drangsalen zu suchen, die über Welt und Menschen als Unheil kommen, denen die auserwählten Frommen aber standhalten, weil sie wissen, dass Gott diese Drangsale verhängt hat, um den Weg für die Verwirklichung des endzeitlichen Heils freizumachen. Wenn die Gemeinde von der heilsgeschichtlichen Notwendigkeit des Sterbens Jesu spricht, so versteht sie dieses Ereignis freilich nicht nur im Sinn der endzeitlichen Katastrophen der Apokalyptik, sondern bringt es in einen Zusammenhang mit dem bisherigen Handeln Gottes im Alten Testament; sie betont die Entsprechung zu Weg und Schicksal der leidenden Gerechten in Israel: Wie Gott diese Gerechten in Not und Drangsal geführt hat, so hat er auch Jesus den Weg ans Kreuz gehen lassen; wie er damals durch die Not hindurch Rettung geschaffen hat, so ist auch Jesu Leiden Vorstufe der endzeitlichen Heilsoffenbarung. Hier liegt zweifellos ein typologischer Ansatz vor.

Dieses Deutungsschema konnte an die Erinnerung daran anknüpfen, wie Jesus selbst seinen Tod angenommen hat – nämlich als ein zwar dunkles Geschehen, in dem aber Gottes Handeln und Willen begegneten (Mk 15,34). Seine älteste uns bekannte Ausprägung fand es in den Leidenssummarien, die wohl schon in der palästinischen Urgemeinde durch die Erweiterung der Leidensankündigungen Jesu geschaffen wurden: »Der Menschensohn muss viel leiden und verworfen werden von den Ältesten und Hohenpriestern und den Schriftgelehrten und getötet werden und nach drei Tagen auferstehen« (Mk 8,31). – »Der Menschensohn wird in die Hände der Menschen dahingeben, und sie werden ihn töten, und […] er wird nach drei Tagen auferstehen« (Mk 9,31). Dieses Schema drängte, weil es den Tod Jesu als Handeln Gottes innerhalb der Geschichte verstand, über sich hinaus auf eine erzählerische Ausgestaltung in Form eines Passionsberichts.

Das soteriologische Deuteschema

Von einer soteriologischen Deutung des Todes Jesu kann man nur da sprechen, wo davon die Rede ist, dass Christus »für uns« bzw. »für die vielen« gestorben ist. Ein überraschender Befund zeichnet sich dabei ab: Das vorpaulinische und vorsynoptische Material, das diese Formel enthält und somit für die soteriologische Deutung des Todes Jesu in Anspruch genommen werden kann, ist auffallend schmal. Es beschränkt sich auf einige christologische Formeln bzw. Formelfragmente wie Gal 1,4; Röm 4,25; 5,8; Eph 5,2, auf die Glaubensformel 1. Kor 15,3b–5 sowie auf zwei vorsynoptische Belege: die Abendmahlsworte 1. Kor 11,23ff. und das Kelchwort Mk 14,24.

Jürgen Roloff: Neues Testament, Neukirchener Verlag, Neukirchen-Vluyn 1993 (völlige Neubearbeitung 1999), S. 243–245.

Worte Jesu am Kreuz

Mt 27,46: Und um die neunte Stunde schrie Jesus laut: Eli, Eli, lama asabtani? das heißt: Mein Gott, mein Gott, warum hast du mich verlassen?

Mk 15,34: Und zu der neunten Stunde rief Jesus laut: Eli, Eli, lama asabtani? das heißt übersetzt: Mein Gott, mein Gott, warum hast du mich verlassen?

Lk 23,46: Und Jesus rief laut: Vater, ich befehle meinen Geist in deine Hände!

Joh 19,30: Als nun Jesus den Essig genommen hatte, sprach er: Es ist vollbracht!

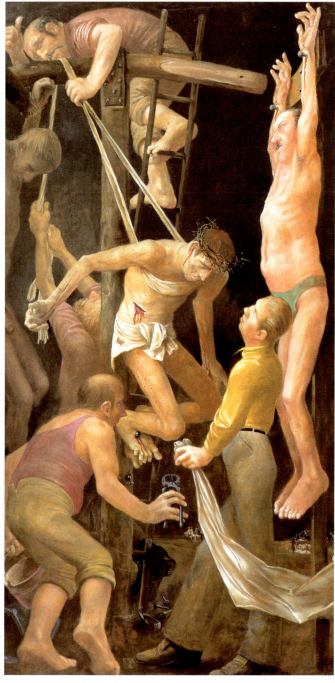

Volker Stelzmann: Kreuzabnahme I (1978/79).
© VG Bild-Kunst, Bonn 2008.

Das Opfer heute – Werner H. Ritter

■ *Werner H. Ritter, Professor für Religionspädagogik an der Universität Bayreuth, will anhand der Bedeutung von Liebe und Opfer in modernen Mythen (Filme etc.) die Bedeutung von Jesu stellvertretendem Sühnetod in neuer Weise deutlich machen.*

Das Opfer mag zwar im kirchlich-theologischen Kontext partiell verdrängt werden, aber es ist präsent in der Selbstthematisierung des Lebens und des Lebensgefühls heutiger Menschen, die sich opfern und geopfert werden, und es ist da in den Opfermythen der Popularkultur, in der das Bedürfnis und die Sehnsucht nach der Thematisierung des Opfers aufbricht, und es dämmert gegenwärtig vielen, dass Aufklärung und Fortschritt das Opfer nicht wirklich überwunden haben, denn dafür gibt es immer noch zu viele Opfer. […]
Dementsprechend sieht es danach aus, dass im Alltag, in der Lebenswelt und Popularkultur Formen kultureller Erfahrung aufbewahrt werden, die bislang als eher typisch für primitive Gesellschaften galten, die aber offenkundig für moderne und postmoderne Gesellschaften genauso unverzichtbar wichtig sind.

Werner H. Ritter: Abschied vom Opfermythos? In: Ders. (Hg.): Erlösung ohne Opfer? BThS 22, Vandenhoeck & Ruprecht, Göttingen, 2003, S. 216f.

26. Ostern – eine wahre Geschichte und ein Gleichnis

Für das Wirklichkeitsverständnis seit der Aufklärung ist die Auferstehung ein »schwerer Brocken«. Drei Dichter mit ganz unterschiedlichem Denken thematisieren hier ihre Hoffnungen in einem Gedicht: Friedrich Schiller (1759–1805) gilt als einer der bedeutendsten Schriftsteller der Epochen »Sturm und Drang« und »Klassik«. Rose Ausländer (1901–1988) überlebte den Holocaust 1941–1944 versteckt im Ghetto von Czernowitz. Kurt Marti war reformierter Pfarrer in Bern, ehe er sich ab 1983 ganz der Schriftstellerei widmete.

Kurt Marti: Auferstehung

ihr fragt
wie ist
die auferstehung der toten?
          ich weiß es nicht

ihr fragt
wann ist
die auferstehung der toten?
          ich weiß es nicht

ihr fragt
gibts
eine auferstehung der toten?
          ich weiß es nicht

ihr fragt
gibts
keine auferstehung der toten?
          ich weiß es nicht

ich weiß
nur
wonach ihr nicht fragt:
          die auferstehung derer die leben

ich weiß
nur
wozu Er uns ruft:
          zur auferstehung heute und jetzt

Kurt Marti, aus: Leichenreden, Nagel und Kimche, Zürich 2001, S. 29.

Friedrich Schiller: Hoffnung

Es reden und träumen die Menschen viel
Von bessern künftigen Tagen,
Nach einem glücklichen goldenen Ziel
Sieht man sie rennen und jagen,
Die Welt wird alt und wird wieder jung,
Doch der Mensch hofft immer Verbesserung!

Die Hoffnung führt ihn ins Leben ein,
Sie umflattert den fröhlichen Knaben,
Den Jüngling begeistert ihr Zauberschein,
Sie wird mit dem Greis nicht begraben,
Denn beschließt er im Grabe den müden Lauf,
Noch am Grabe pflanzt er die Hoffnung auf.

Es ist kein leerer schmeichelnder Wahn,
Erzeugt im Gehirne des Toren,
Im Herzen kündet es laut sich an,
Zu was Besserm sind wir geboren,
Und was die innere Stimme spricht,
Das täuscht die hoffende Seele nicht.

Friedrich Schiller: Hoffnung, 1797. Zit. nach: Schillers Werke, 1. Band: Gedichte, Weimar 1943, 1. Band: Gedichte, S. 401.

Rose Ausländer: Glauben

Ich glaube an die Wunder
dieser Welt und der unendlichen
unbekannten Welten

Ich glaube
an das Wunder der Träume
Träume im Schlaf
und im Wachen

Ich glaube an die Wunder
der Worte
die in der Welt wirken
und die Welten erschaffen

Ich glaube
an dich
Lebensbruder

Rose Ausländer: Glauben, aus: Gedichte 1977–1979, S. Fischer Verlag, Frankfurt am Main 1984, S. 93.

Jörg Ratgeb: Die Auferstehung Christi, Herrenberger Altar, 1518/1519. Staatsgalerie Stuttgart.

H – Tod und Auferstehung

27. »Er ist erschienen und gesehen worden ...«

Mehr Geheimnis als Tatsache

Paulus führt eine Vielzahl von Zeugen für die Erscheinungen des Auferstandenen an. Was immer ihre jeweilige individuelle Erfahrung war, sie standen zu der Behauptung, Jesus nach seinem Tod begegnet zu sein. In den Evangelien wird von der Auferstehung in unterschiedlichen Formen berichtet:
- Indirekt wird in den Berichten vom »leeren Grab« die Auferstehung durch das Verschwinden des Leichnams erwiesen. Kein Wunder, dass gegen diese Berichte schon früh ins Feld geführt wurde, die Jünger hätten den Leichnam geraubt.
- Bei Lukas wird von zwei Männern in glänzenden Kleidern (Engeln) berichtet, die zu den bekümmerten Frauen angesichts des leeren Grabes sprechen: »Was sucht ihr den Lebendigen bei den Toten? Er ist nicht hier; er ist auferstanden.« (Lk 24,5f.) – Das hat immer wieder Ausleger auf den Gedanken gebracht, Jesus sei nur scheintot gewesen oder habe sich noch lebendig vom Kreuz abnehmen lassen. So habe er flüchten können. Das könne auch die späteren Erscheinungen bei seinen Anhängern erklären.
- Jesus erscheint Gruppen seiner Anhänger, etwa den Aposteln (Lk 24,36ff. oder Mt 28,8). Diese Erscheinung bei Gruppen wurde immer wieder so erklärt, dass die Anhänger Jesu nach seinem Tode in einer seelisch verzweifelten Verfassung für gruppen-hysterische Bewusstseinstäuschungen anfällig waren.
- Jesus gibt sich Einzelnen zu erkennen. Diese Geschichten sind oft noch episodenhaft ausgeformt. (Joh 20,11ff. Jesus erscheint Maria Magdalena; Joh 20,24ff. Jesus gibt sich dem »ungläubigen Thomas« zu erkennen.) Auch bei diesen Erzählungen wurde immer wieder der Verdacht geäußert, eine überreizte Phantasie habe den jeweiligen Gewährspersonen einen Streich gespielt.

Sowohl Gläubige wie Skeptiker machen es sich allerdings häufig zu leicht, wenn sie diese Berichte und Geschichten von der Auferstehung lesen, als wären es Tatsachenberichte einer Zeitung. Wer die Texte ernsthaft verstehen will, muss sich von vornherein darüber im Klaren sein, dass es sich bei der Auferstehung Jesu um ein unvergleichliches und einmaliges Geschehen handelt, zu dem der Begriff Geheimnis besser passen würde als der Begriff Tatsache. Alle Auferstehungserzählungen wollen etwas in Worte und Bilder fassen, was die allgemeine Auffassungsgabe von Menschen übersteigt. Deswegen lässt sie sich nicht objektiv beweisen wie ein physikalisches Phänomen, sondern nur im Vertrauen auf ihren guten Sinn verstehend nachvollziehen. Das ist gemeint, wenn immer wieder gesagt wird, nur dem Glauben erschließe sich der Sinn der Auferstehungsbotschaft.

> »... und dass er gesehen worden ist von Kephas, danach von den Zwölfen. Danach ist er gesehen worden von mehr als fünfhundert Brüdern auf einmal, von denen die meisten noch heute leben, einige aber sind entschlafen. Danach ist er gesehen worden von Jakobus, danach von allen Aposteln. Zuletzt von allen ist er auch von mir als einer unzeitigen Geburt gesehen worden.«
>
> 1. Korinther 15,5–8

Pinchas Lapide: Die Glaubwürdigkeit der Auferstehungszeugnisse

■ *Pinchas Lapide (1922–1997), israelischer, jüdischer Religionsgelehrter und Publizist, war engagiert im christlich-jüdischen Dialog. Er lebte seit 1969 in Deutschland.*

Allen legendären Verschönerungen zum Trotz bleibt in den ältesten Berichten ein erkennbar historischer Kern übrig, der sich einfach nicht entmythologisieren lässt. Wenn diese aufgescheuchte, verängstigte Apostelschar, die eben dabei war, alles wegzuwerfen, um in heller Verzweiflung nach Galiläa zu flüchten; wenn diese Bauern, Hirten und Fischer, die ihren Meister verrieten, verleugneten und dann kläglich versagten, plötzlich über Nacht sich in eine selbstsichere und heilsbewusste, überzeugte Missionsgesellschaft verwandeln konnten, die viel erfolgreicher nach Ostern als vor Ostern wirkte, so genügte keine Vision oder Halluzination, um solch einen revolutionären Umschlag zu erklären. Für eine Sekte, eine Schule oder einen Orden hätte vielleicht eine Einzelvision genügt – nicht aber für eine Weltreligion, die dank dem Osterglauben das Abendland erobern konnte.

Pinchas Lapide: Auferstehung, Calwer Verlag Stuttgart, 6. Auflage 1991, S. 76f.

Alfred Manessier. © VG Bild-Kunst, Bonn 2008.

Hans Küng: Begegnung mit dem lebendigen Christus

■ *Hans Küng, geb. 1928, lehrte in Tübingen katholische Dogmatik. Er ist in den letzten Jahren verstärkt durch sein »Projekt Weltethos« an die Öffentlichkeit getreten. Ziel dieses Projektes ist es, die verbindenden, Frieden schaffenden Elemente der Religionen zum Tragen zu bringen. Als einem prominenten Theologen wurde ihm hier die Frage gestellt: »Was bedeutet die Auferstehung Jesu für mich persönlich und für meinen Glauben?«*

Für den modernen Menschen ist der christliche Glaube an die Auferstehung der Toten eher eine Zumutung als eine Hoffnung. Diesseitsbezogen, in der Welt verwurzelt, richtet er sich in der Gegenwart ein, lässt sich nicht auf ein Jenseits vertrösten. Die biblischen Erzählungen von der Auferweckung Jesu von den Toten und das leere Grab am Ostermorgen erscheinen eher wie ferne Mirakel. So macht sich oft Verlegenheit breit, wenn ein persönliches Bekenntnis gefragt wird. Was kann ein Christ heute von seinem Glauben, von seiner Hoffnung weitergeben?

Der entscheidende Punkt ist, sich schlicht zu fragen: wer käme auf den Gedanken, bei einem offenen Grab anzunehmen, hier sei jemand von den Toten auferstanden? Das pure Faktum eines leeren Grabes besagt noch gar nichts. Denn für ein leeres Grab gibt es bekanntlich viele Erklärungen. Das gilt heute, das galt damals ebenso. [...]

Für mich und meinen persönlichen Glauben heißt das: Das Grab Jesu mag historisch leer gewesen sein oder nicht – der Glaube an das neue Leben des Auferweckten bei Gott hängt für mich nicht vom leeren Grab ab. Das Ostergeschehen wird durch das leere Grab nicht bedingt, sondern bestenfalls illustriert. [...] Glaubensartikel, das heißt Grund oder Gegenstand des Osterglaubens also, ist das »leere Grab« nicht, so dass es konsequenterweise im Apostolikum auch nicht erwähnt zu werden braucht. Gerade im Blick auf die Bibel bedeutet das, dass der Christ weder aufgrund des leeren Grabes noch erst recht »an« das leere Grab zu glauben braucht. Nicht zum leeren Grab ruft uns der christliche Glaube, sondern zur Begegnung mit dem lebendigen Christus selbst. Wie es im Evangelium heißt: »Was sucht ihr den Lebendigen bei den Toten?« (Lukas 24,5). Diese Überzeugung ist es, die mein Christsein ausmacht.

Ein solcher Glaube muss sich dann auch nicht irritieren lassen, wenn die Geschichten um das leere Grab im Neuen Testament stark voneinander abweichen: Die Soldaten als Grabeswächter, die bei Grünewald als vom Strahlenglanz Geblendete und von seiner Kraft wie betäubt zu Boden Taumelnde erscheinen, begegnen nur bei Matthäus. Der Lauf des Petrus zum Grab findet sich nur bei Lukas und Johannes; die Erscheinung vor den Frauen nur bei Matthäus und die von Maria Magdalena nur bei Johannes. Dies alles lässt den Großteil kritischer Bibelausleger zu der Überzeugung kommen: Bei den Grabesgeschichten handelt es sich um legendäre Ausgestaltungen der Botschaft von der Auferweckung nach Art alttestamentlicher Epiphaniegeschichten, die erst viele Jahrzehnte später nach Jesu Tod aufgeschrieben wurden. Im Zentrum der Grabgeschichte steht aber eben gerade nicht das leere Grab, sondern die knappe, bekenntnishafte Auferweckungsbotschaft (aus dem Mund des Engels): »Er ist auferstanden!« (Markus 16,6), wie sie sich bereits im ältesten Dokument des Neuen Testaments, im ersten Thessalonicherbrief aus dem Jahr 51/52, und dann immer wieder findet: Jesus, »den er (Gott) auferweckt hat von den Toten« (1. Thessalonicher 1,10). Die Geschichte vom leeren Grab sollte also nicht als Rekognoszierung [Anerkennung] eines Faktums aufgefasst werden, sondern als die wohl schon relativ frühe erzählerische Konkretisierung und wachsende legendäre Entfaltung der vorgängigen Auferweckungskunde, wie sie auch in der Verkündigung des (oder der) Engel enthalten ist.

Hat es also einen Sinn, gerade diese Grabesgeschichten am Ostersonntag noch vorzulesen und sie sich zu vergegenwärtigen? Ja, durchaus. Eine konkrete Erzählung wie etwa die von den Jüngern auf dem Weg nach Emmaus, ein ganz bestimmtes Bild wie das von Grünewald kann nun einmal mehr ansprechen als ein theoretischer Satz, ein philosophisches Prinzip oder ein theologisches Dogma. Und ein verdeutlichendes und bestätigendes Zeichen sind diese Geschichten allemal: dass mit Jesu Tod nicht alles aus war, dass Jesus nicht im Tod geblieben ist und dass der Auferweckte kein anderer ist als der hingerichtete Nazarener.

Es ist diese Botschaft des Neuen Testaments, die das Leben des Christen bestimmt, die für mich Christsein lebens- und glaubenswert macht: Es ist die grundlegende Überzeugung, dass Gott in Christus Mensch geworden ist und uns durch seinen Tod gerechtfertigt, erlöst hat. Und dass er der Lebendige, Unzerstörbare bleibt. Ostern ist dafür das sichtbare Zeichen in unserer Geschichte.

Hans Küng: Begegnung mit dem lebendigen Christus, in: Udo Hahn (Hg.): Im Ende ein Anfang. Was Prominenten die Auferstehung bedeutet, Neukirchener Verlag, Neukirchen-Vluyn 2002, S. 69–77.

Maria aber stand draußen vor dem Grab und weinte. Als sie nun weinte, schaute sie in das Grab und sieht zwei Engel in weißen Gewändern sitzen, einen zu Häupten und den andern zu den Füßen, wo sie den Leichnam Jesu hingelegt hatten. Und die sprachen zu ihr: Frau, was weinst du? Sie spricht zu ihnen: Sie haben meinen Herrn weggenommen, und ich weiß nicht, wo sie ihn hingelegt haben. Und als sie das sagte, wandte sie sich um und sieht Jesus stehen und weiß nicht, dass es Jesus ist. Spricht Jesus zu ihr: Frau, was weinst du? Wen suchst du? Sie meint, es sei der Gärtner, und spricht zu ihm: Herr, hast du ihn weggetragen, so sage mir, wo du ihn hingelegt hast; dann will ich ihn holen. Spricht Jesus zu ihr: Maria! Da wandte sie sich um und spricht zu ihm auf Hebräisch: Rabbuni!, das heißt: Meister! Spricht Jesus zu ihr: Rühre mich nicht an! Denn ich bin noch nicht aufgefahren zum Vater. Geh aber hin zu meinen Brüdern und sage ihnen: Ich fahre auf zu meinem Vater und zu eurem Vater, zu meinem Gott und zu eurem Gott.

Johannes 20,11–17

28. Vom Tod zum Leben

Äquivalent für die Auferstehung – Vincent van Gogh

Vincent van Gogh (1853–1890) stammte aus einem strenggläubigen niederländischen Pfarrhaus. Er wollte Prediger werden, scheiterte aber im Examen. Darauf stürzte er sich ohne eigentliche Ausbildung in die Malerei. Von seelischen Krisen zermürbt, nahm er sich 1890 das Leben. Erst nach seinem Tode gelangte er zu überwältigender Berühmtheit.
Vincent van Gogh beschäftigte sich intensiver und hellsichtiger als viele seiner Zeitgenossen mit theologischen Fragen. Dabei stieß er auf ein Buch von Leo Tolstoi, der eine neue Sicht des christlichen Auferstehungsglaubens vertrat. In seinem Roman »Die Auferstehung« gibt Tolstoi ein eindrucksvolles Bild seiner Vorstellungen. Vincent van Gogh schreibt in einem Brief vom 1. Oktober 1888 an seinen Bruder Theo:

»Das Buch von Tolstoi, Ma religion, ist schon 1885 auf französisch erschienen, aber ich habe es niemals in irgendeinem Bücherverzeichnis gesehen. Er scheint nicht sehr an eine Auferstehung zu glauben, weder des Fleisches noch der Seele. Vor allem scheint er nicht sehr an den Himmel zu glauben – also denkt er über die Dinge wie ein Nihilist – aber – gewissermaßen im Gegensatz zu den Nihilisten legt er großen Wert darauf, dass man das, was man macht, gut macht, weil man vielleicht nichts als dieses hat. Und wenn er nicht an die Auferstehung glaubt, so scheint er an ein Äquivalent zu glauben – die Dauer des Lebens – den Fortgang der Menschheit – den Menschen und das Werk, die mit nahezu untrüglicher Sicherheit durch die kommende Generation fortgesetzt werden. Jedenfalls gibt er keinen falschen Trost. Er selbst, ein Adliger, wurde Arbeiter, kann Stiefel machen, Pfannen reparieren, den Pflug führen und die Erde umgraben. Ich kann nichts von alledem, aber ich kann eine menschliche Seele respektieren, die stark genug ist, sich so zu erneuern. [...]
Er glaubt – ich habe es Dir vielleicht schon geschrieben – an eine gewaltlose Revolution, die sich als Reaktion auf den Skeptizismus und das verzweifelte und verzweifelnde Leiden auf dem Weg des Verlangens nach Liebe ereignet.«

Ähnlich wie Tolstoi nach einem »Äquivalent für die Auferstehung« in der modernen Welt suchte, machte es sich van Gogh zur Aufgabe, religiöse Ideen zu malen, ohne biblische und religiöse Traditionen zu illustrieren. Das nämlich hielt er in der modernen Zeit für unehrlich.
Während van Gogh den alten Malern wie Rembrandt zugesteht, dass sie die Gestalt Christi selbst zum Gegenstand des Bildes machen, sieht er bei Millet den Weg zur modernen religiösen Kunst gebahnt, die Jesus indirekt darstellt.
Wie Vincent van Gogh selbst nach diesem Äquivalent der Auferstehung in seiner Malerei suchte, macht ein Brief an seine Schwester Wilhelmina Jacoba van Gogh vom Herbst 1887 deutlich:

»Vergleicht man nun den Menschen mit den Getreidekörnern – in jedem gesunden und natürlichen Menschen steckt, wie in dem Getreidekorn, Keimkraft – dann ist das natürliche Leben also Keimen. Was die Keimkraft im Korn, ist die Liebe in uns.

Jean-Francois Millet: Die Ährenleserinnen, 1857.

Nun stehen wir da, meine ich, und wissen nichts zu sagen oder sperren Mund und Augen auf, wenn uns, in unserer eigenen Entwicklung behindert, das Keimen vereitelt wird, und sehen uns selbst in eine Lage versetzt, so hoffnungslos, wie sie für das Korn zwischen den Mühlsteinen sein muss.«

Es ist also kein Zufall, wenn van Gogh sich immer wieder um Bilder vom Sämann, von Kornfeldern, von Bäumen, von der Sonne müht. Vincent van Gogh, der einmal christlicher Prediger werden wollte, ist sich der Gleichnisse immer bewusst. So schreibt er an Emile Bernard am 24. Juni 1888:

»Wenn dieser große Künstler – Christus – es auch verachtete, Bücher über die Ideen [Empfindungen] zu schreiben, so hat er doch das gesprochene Wort sehr viel weniger verachtet – vor allem das Gleichnis [der Sämann, die Ernte, der Feigenbaum! Etc.].«

Briefauszüge aus: Vincent van Gogh: Briefe, hg. von Bodo Plachta, Reclam Verlag, Stuttgart 2001, S. 199.235.

Vincent van Gogh: Sämann bei untergehender Sonne, 1888.

Es könnte aber jemand fragen: Wie werden die Toten auferstehen, und mit was für einem Leib werden sie kommen? Du Narr: Was du säst, wird nicht lebendig, wenn es nicht stirbt. Und was du säst, ist ja nicht der Leib, der werden soll, sondern ein bloßes Korn, sei es von Weizen oder etwas anderem. Gott aber gibt ihm einen Leib, wie er will, einem jeden Samen seinen eigenen Leib. Nicht alles Fleisch ist das gleiche Fleisch, sondern ein anderes Fleisch haben die Menschen, ein anderes das Vieh, ein anderes die Vögel, ein anderes die Fische. Und es gibt himmlische Körper und irdische Körper; aber eine andere Herrlichkeit haben die himmlischen und eine andere die irdischen. Einen andern Glanz hat die Sonne, einen andern Glanz hat der Mond, einen andern Glanz haben die Sterne; denn ein Stern unterscheidet sich vom andern durch seinen Glanz. So auch die Auferstehung der Toten. Es wird gesät verweslich und wird auferstehen unverweslich. Es wird gesät in Niedrigkeit und wird auferstehen in Herrlichkeit. Es wird gesät in Armseligkeit und wird auferstehen in Kraft. Es wird gesät ein natürlicher Leib und wird auferstehen ein geistlicher Leib. Gibt es einen natürlichen Leib, so gibt es auch einen geistlichen Leib.

1. Korinther 15,35–44

Glauben in Worte fassen

Wer war Jesus, fragen die einen, wer ist er für mich heute, die andern. Worin liegt der Unterschied? Dass Jesus ein außergewöhnlicher Mensch war, der in seiner Zeit durch seine Lehre und sein Verhalten Anhänger und Gegner hervorbrachte, ist unter seriösen Historikern wenig umstritten. Interessant und folgenreich war und ist, dass ein Jude eine Anhängerschaft hervorbrachte, die in Jesus den Christus erblickt und ihn als Gott verehrt. Kompliziert wird das Ganze dadurch, dass auch für den Islam dieser Jesus eine wichtige Rolle spielt. Somit greifen drei Religionen auf ihn zurück, doch führt gerade dies zu Differenzen, nicht zur Einigkeit. Doch auch innerhalb des Christentums führt die Bezugnahme auf Jesus Christus – trotz gemeinsamer Bekenntnisse – nicht unbedingt zur Einheit. In der Zeit der Postmoderne empfinden zudem viele Christen eine Spannung zwischen den Formulierungen des Glaubensbekenntnisses und der Ausdrucksgestalt, die jeder und jede Einzelne für sich wählt. Vermutlich käme man beim eigenen Nachdenken über Jesus Christus nicht auf solche komplizierten Gedanken wie die, dass er »wahrer Mensch und wahrer Gott zugleich« sei. Doch wenn man darüber nachdenkt und mit anderen spricht, dann merkt man doch, dass den »Vätern«, die zu solchen Glaubensformeln gekommen sind, damit Formulierungen gelungen sind, die man auch heute nur schwer überbieten kann.

29. Glauben bekennen – zwischen Tradition und Kreativität

Friedrich Winkelmann: Theologische Unabhängigkeit geriet immer mehr in den Verdacht des Unerlaubten

■ *Friedrich Winkelmann, geb. 1929, emeritierter Professor für Kirchengeschichte an der Universität Tübingen, befasste sich vor allem mit der Entwicklung des frühen Christentums und der mittelalterlichen Kirche.*

In den frühesten Schriften des Christentums findet man Huldigungsformeln an Jesus als Christus, als Gottessohn und als erhöhten Herrn sowie hymnenartig formulierte Glaubensaussagen. Letztere hatten die Abwehr falscher Lehren zum Ziel. Sie waren also der jeweiligen Situation angepasst. Fakten aus Jesu Geschichte wurden genannt, seine Menschwerdung aus Maria und Gottes Geist, sein Leiden und Tod, seine Auferstehung und Erhöhung in den Himmel.

Vom zweiten zum dritten Jahrhundert erhielten die Bekenntnisse noch mehr substantielle Fülle zur Sicherung der christlichen Glaubenswahrheiten gegen Irrlehren. Noch immer handelte es sich dabei nicht um normative Zusammenfassungen der Lehre. Den jeweiligen Herausforderungen wollte man damit begegnen.

Als letzte Stufe der Bekenntnisbildung in vorkonstantinischer Zeit kam es zur Formulierung von kurzgefassten Lehrleitfäden. Auch sie stellten noch keineswegs kirchlich bindende Normen dar. Vielmehr handelte es sich um Glaubensbekundungen entweder einzelner Gemeinden oder privater Natur. Ihre Notwendigkeit ergab sich entweder aus Unterrichtszwecken oder aus dem liturgischen Gebrauch.

Hier ist vor allem das Romanum zu nennen, das seine endgültige Form in der Mitte des dritten Jahrhunderts fand: »Ich glaube an Gott, [den Vater], den Allmächtigen; und an Christus Jesus, seinen eingeborenen Sohn, unseren Herrn, der geboren wurde aus [dem] Heiligen Geist und Maria der Jungfrau, der unter Pontius Pilatus gekreuzigt und begraben wurde, am dritten Tage auferstand, aufgefahren ist in die Himmel, sitzt zur Rechten des Vaters, von dannen er kommt zu richten Lebende und Tote; und an den Heiligen Geist, eine heilige Kirche, Vergebung der Sünden, Auferstehung des Fleisches [und ein] ewiges Leben«. Aus ihm entwickelte sich mit einigen Zusätzen das Apostolicum, das in den abendländischen Kirchen bis heute in Gebrauch ist.

Erst nach der »Konstantinischen Wende« kam es dann unter dem Einfluss des Staates zu ökumenischen Synodalentscheidungen über allgemein verbindliche Formulierungen der allein richtigen Glaubenswahrheiten. Das unbekümmerte freie Nachdenken über die Glaubenswahrheiten erfuhr nun große Einschränkungen. An seine Stelle trat das ängstliche Bemühen, die gesetzten Grenzen der Rechtgläubigkeit nicht zu überschreiten. Auf diese Weise wurde die geistige Dynamik des frühen Christentums, die Impulse für die stets neue Interpretation des christlichen Glaubens gab, gelähmt. Theologische Unabhängigkeit geriet immer mehr in den Verdacht des Unerlaubten, wenn nicht gar der Häresie.

Friedhelm Winkelmann: Geschichte des frühen Christentums, C.H. Beck Verlag, München, 3. Auflage 2005, S. 110f.

Henry Moore: Mann zeichnet Felsformation, 1982.

Vor Jesus müssen alle auf die Knie fallen

Habt im Umgang miteinander stets vor Augen, was für einen Maßstab Jesus Christus gesetzt hat: Er war in allem Gott gleich, und doch hielt er nicht gierig daran fest, so wie Gott zu sein. Er gab alle seine Vorrechte auf und wurde einem Sklaven gleich. Er wurde ein Mensch in dieser Welt und teilte das Leben der Menschen. Im Gehorsam gegen Gott erniedrigte er sich so tief, dass er sogar den Tod auf sich nahm, ja, den Verbrechertod am Kreuz.
Darum hat Gott ihn auch erhöht und ihm den Rang und Namen verliehen, der ihn hoch über alle stellt. Vor Jesus müssen alle auf die Knie fallen – alle, die im Himmel sind, auf der Erde und unter der Erde; alle müssen feierlich bekennen: »Jesus Christus ist der Herr!« Und so wird Gott, der Vater, geehrt.

Philipper 2,5–11; Übersetzung: Die Heilige Schrift übersetzt von Hermann Menge. Neuausgabe, © 1994 Deutsche Bibelgesellschaft, Stuttgart.

Gott gibt es nicht

Ich glaube, dass der Gott, wie er in der Bibel beschrieben wird, nicht existiert. Er ist ein Produkt der Fantasie. Früher, als fast alle an Gott glaubten, brauchten die Menschen etwas Großes, an das sie glauben konnten. Der Gott von heute und an den ich glaube ist eine sterbliche Person, die nicht allmächtig ist, sondern auch selber einen Gott braucht. Wenn man von einem anderen Menschen beschützt und verstanden wird, dann ist das für mich ein Gott, vor dem man nicht niederknien muss und ihn anbeten muss, sondern ein Freund, ein Gott.

Jens, Konfirmand

Peter Rosien (Hg.): Mein Credo. Persönliche Glaubensbekenntnisse, Kommentare und Informationen, Band 1, Publik-Forum, Oberursel 2000, S. 27.

30. Wir glauben – christliche Jesusbilder

Die christlichen Glaubensbekenntnisse haben sich im Laufe mehrerer Jahrhunderte herausgebildet. Zentral war dabei immer die Frage: Wer ist (für die Christen) Jesus Christus?

Aus dem Apostolischen Glaubensbekenntnis

Ich glaube an Jesus Christus,
seinen eingeborenen Sohn,
unsern Herrn,
empfangen durch den Heiligen Geist,
geboren von der Jungfrau Maria,
gelitten unter Pontius Pilatus,
gekreuzigt, gestorben und begraben,
hinabgestiegen in das Reich des Todes;
am dritten Tage auferstanden von den Toten.
Aufgefahren in den Himmel.
Von dort wird er kommen
zu richten die Lebenden und die Toten.

Dorothee Sölle: Leben, wie er lebte

■ *Die Theologin Dorothee Sölle (1929–2003) stand für eine politische Theologie ein. Das folgende Glaubensbekenntnis schrieb sie für ein »politisches Nachtgebet« in Köln 1968 zur Zeit der Studentenbewegung.*

Ich glaube an Jesus Christus,
der recht hatte, als er,
›ein Einzelner, der nichts machen kann‹,
genau wie wir,
an der Veränderung aller Zustände
arbeitete und darüber zugrunde ging.
An ihm messend, erkenne ich,
wie unsere Intelligenz verkrüppelt,
unsere Phantasie erstickt,
unsere Anstrengung vertan ist,
weil wir nicht leben, wie er lebte.
Jeden Tag habe ich Angst,
dass er umsonst gestorben ist,
weil er in unseren Kirchen verscharrt ist,
weil wir seine Revolution verraten haben
in Gehorsam und Angst vor den Behörden.
Ich glaube an Jesus Christus, der aufersteht in unser Leben,
dass wir frei werden
von Vorurteilen und Anmaßung,
von Angst und Hass
und seine Revolution weitertreiben,
auf sein Reich hin.

Dorothee Sölle, in: Heinz G. Schmidt (Hg.): Zum Gottesdienst morgen, Jugenddienst-Verlag, Wuppertal 1969, S. 213.

Jesus Christus als Gottes Sohn

■ *Die neutestamentlichen Schriften sprechen davon, dass Jesus »Gottes Sohn« ist. Wann Jesus diese Sohnschaft erhielt und wie sie genauer zu verstehen ist, wurde dabei unterschiedlich beantwortet:*

»Paulus, ein Knecht Christi Jesu, berufen zum Apostel, ausgesondert, zu predigen das Evangelium Gottes, das er zuvor verheißen hat durch seine Propheten in der heiligen Schrift, von seinem Sohn Jesus Christus, unserem Herrn, der geboren ist aus dem Geschlecht Davids nach dem Geist, der heiligt, eingesetzt ist als Sohn Gottes in Kraft durch die Auferstehung von den Toten.« *Römer 1,1–4*	»Und es begab sich in jenen Tagen, dass Jesus aus Nazareth in Galiläa kam und sich von Johannes im Jordan taufen ließ. Und sobald er aus dem Wasser stieg, sah er die Himmel sich öffnen und den Geist wie eine Taube auf sich herabschweben. Und eine Stimme erscholl aus den Himmeln: ›Du bist mein geliebter Sohn, an dir habe ich Wohlgefallen gefunden‹.« *Markus 1,9–11*	»Maria aber sagte zu dem Engel: Wie soll das zugehen [dass ich ein Kind bekommen soll], da ich von keinem Manne weiß? Und der Engel antwortete und sprach zu ihr: Der heilige Geist wird über dich kommen und die Kraft des Höchsten wird dich überschatten; daher wird auch das Heilige, das gezeugt wird, Sohn Gottes genannt werden.« *Lukas 1,35*	»Im Anfang war das Wort [Logos], und das Wort war bei Gott, und das Wort war Gott [göttlichen Wesens]. Dieses war im Anfang bei Gott. [...] Und das Wort ward Fleisch und wohnte unter uns, und wir schauten seine Herrlichkeit, eine Herrlichkeit, wie sie der einzige [Sohn] von seinem Vater hat, voll Gnade und Wahrheit. [...] Niemand hat Gott jemals gesehen; der einzige Sohn, der im Schoße des Vaters ist, der hat Kunde [von ihm] gebracht.« *Johannes 1,1f.14.18*

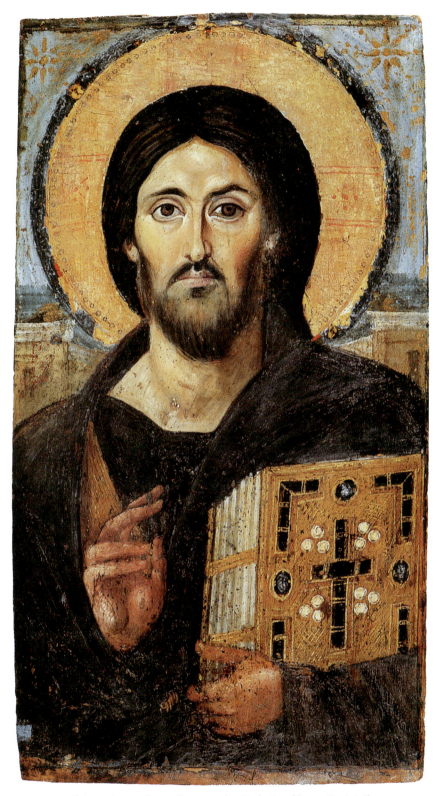

Christus als Pantokrator. Ikone aus dem Katharinenkloster, Sinai, 6. Jh.

Gott hat Christus »von den Toten auferweckt und eingesetzt zu seiner Rechten im Himmel über alle Reiche, Gewalt, Macht, Herrschaft und alles, was sonst einen Namen hat, nicht allein in dieser Welt, sondern auch in der zukünftigen. Und alles hat er unter seine Füße getan und ihn, der als Haupt alles überragt, über die Kirche gesetzt. Sie ist sein Leib und wird von ihm erfüllt, der das All ganz und gar beherrscht.«

Epheser 1,20–23

I – Glauben in Worte fassen 63

31. Wir glauben nicht wie ihr – nichtchristliche Jesusbilder

Jesus von Nazareth in jüdischer Sicht

■ *Hans-Martin Barth, geb. 1939, ist Professor für Systematische Theologie und Religionsphilosophie an der Universität Marburg.*

Im Lauf der leidvollen Geschichte des Verhältnisses zwischen Judentum und Christentum kam es gerade im Blick auf die Gestalt Jesu zu Missverständnissen und polemischen Unterstellungen. In den jüdischen Quellen der ersten nachchristlichen Jahrhunderte gilt Jesus als Bastard, als Zauberer und Verführer, der sich über die Tradition seines Volkes erhaben gefühlt und lustig gemacht habe. Mit der Wende des 20. Jahrhunderts beginnt jedoch eine ganz neue Phase, in der das Judentum sich bemüht, die Gestalt Jesu innerhalb des jüdischen Kontextes zu würdigen und Jesus gleichsam ins Judentum »heimzuholen«. Seither steht das jüdische Jesusbild in der Spannung zwischen »Heimholung« und Abgrenzung.

1. »Die Heimholung Jesu im Judentum« (Schalom Ben-Chorin in Anlehnung an Martin Buber) legte sich nahe, wenn man das neutestamentliche Jesus-Bild innerhalb des jüdischen Kontextes zu interpretieren versuchte. Dabei ergab sich, dass Jesus nur zu verstehen ist als Jude in seiner jüdischen Umwelt, der ganz aus der religiösen Tradition seines Volkes lebte und diese offensichtlich auch praktizierte.

Ganz in diesem Geist hat Schalom Ben-Chorin sein Buch »Bruder Jesus« geschrieben. Er geht in gewisser Weise noch einen Schritt weiter, wenn er trotz der Ablehnung der Auferstehungsbotschaft im Sinn einer existentiellen Beziehung »auch von einer aktuellen Präsenz« (Mt 28,20) sprechen kann. Im deutschen Sprachraum sind besonders die Arbeiten von Pinchas Lapide zu konsultieren. Eine offene Frage besteht darin, inwieweit sich das vom Holocaust geschlagene Israel in der Gestalt des Gekreuzigten wieder finden kann.

2. Klare Abgrenzungstendenzen stehen neben dem Versuch der »Heimholung«: manche jüdische Autoren machen für den Bruch zwischen Judentum und Christentum erst Paulus oder auch Johannes verantwortlich. Paulus habe seine Tendenz zum »Ditheismus« [Glaube an zwei Götter] schließlich selbst bemerkt und durch universalisierende Formeln zu verhindern versucht; Johannes habe in einer Mischung von jüdischer und außerchristlicher Hypostasenspekulation die Grenze des Erlaubten überschritten; einen Menschen als »mein Herr und mein Gott!« anzureden, sei eine heidnische Blasphemie. Die Polemik des Judentums richtet sich also nicht so sehr gegen die Gestalt Jesu selbst wie gegen das, was die Christen – aus jüdischer Sicht – aus Jesus gemacht haben. Die Christologie stellt eine Herausforderung des Monotheismus (Glauben an einen Gott) dar. Die Unmittelbarkeit der Beziehung zwischen Israel bzw. dem einzelnen Israeliten und seinem Gott, wie sie Ex 3,14 zum Ausdruck kommt, darf

nicht gefährdet werden. Dabei geht es weniger um einen abstrakten Monotheismus, der theoretisch verteidigt werden soll, als um das Gottesverhältnis des einzelnen, das nicht beeinträchtigt werden darf. Eng damit zusammen hängt der Gedanke, dass die Inkarnation – ohnehin eine dem Judentum völlig fremde Vorstellung – das Bilderverbot aufheben und für Gott eine Einschränkung darstellen würde.

Das große Argument des Judentums gegen den messianischen Anspruch Jesu besteht immer wieder darin, dass sich doch seit dem Auftreten Jesu auf der Welt nichts Wesentliches geändert habe, jedenfalls die messianischen Verheißungen in keiner Weise eingelöst worden seien. Jesu Wirken und Lehren habe keinen durchschlagenden politischen Erfolg gebracht. Stärker innerhalb der christlichen als innerhalb der jüdischen Theologie hat sich wohl der Gedanke Franz Rosenzweigs als wirksam erwiesen, den er im Rahmen eines heilsgeschichtlichen Denkens entwickelt hat: »Was Christus und seine Kirche in der Welt bedeuten, darüber sind wir einig: es kommt niemand zum Vater denn durch ihn [Joh 14,6]. Es kommt niemand zum Vater – anders aber, wenn einer nicht mehr zum Vater zu kommen braucht, weil er schon in ihm ist. Und dies ist nun der Fall des Volkes Israel (nicht des einzelnen).«

Hans-Martin Barth: Dogmatik. Ökumenischer Glaube im Kontext der Weltreligionen, Ed. Chr. Kaiser im Gütersloher Verlagshaus, Gütersloh, in der Verlagsgruppe Random House, München, 2. Auflage 2002, S. 392–394.

Schalom Ben-Chorin: Bruder Jesus

■ *Schalom Ben Chorin (1913–1999) war einer der bekanntesten jüdischen Religionsphilosophen und Schriftsteller deutscher Sprache im 20. Jahrhundert. Er bemühte sich um Begegnung und Verständigung zwischen den Religionen. Dabei nahm er in starkem Maß Gedanken des bekannten jüdischen Religionsphilosophen Martin Buber auf. In seinem Buch »Bruder Jesus« bezieht er sich direkt auf ihn:*

Martin Buber hat in seinem Werk »Zwei Glaubensweisen« (1950) das berühmte Wort vom BRUDER JESUS gesprochen: »Jesus habe ich von Jugend auf als meinen großen Bruder empfunden. Dass die Christenheit ihn als Gott und Erlöser angesehen hat und ansieht, ist mir immer als eine Tatsache von höchstem Ernst erschienen, die ich um seinet- und um meinetwillen zu begreifen suchen muss […] Mein eigenes brüderlich aufgeschlossenes Verhältnis zu ihm ist immer stärker und reiner geworden, und ich sehe ihn heute mit stärkerem und reinerem Blick als je. Gewisser als je ist es mir, dass ihm ein großer Platz in der Glaubensgeschichte Israels zukommt und dass dieser Platz durch keine der üblichen Kategorien umschrieben werden kann.«

Schalom Ben-Chorin: Bruder Jesus. Der Nazarener in jüdischer Sicht, Gütersloher Verlagshaus in der Verlagsgruppe Random House, Gütersloh (1967) 2005.

Marc Chagall: Die weiße Kreuzigung. © VG Bild-Kunst, Bonn 2008.

Jesus in islamischer Sicht

»O ihr Leute des Buches, übertreibt nicht in eurer Religion und sagt über Gott nur die Wahrheit. Christus Jesus, der Sohn Marias, ist doch nur der Gesandte Gottes und sein Wort, das Er zu Maria hinüberbrachte, und ein Geist von Ihm. So glaubt an Gott und seine Gesandten. Und sagt nicht: Drei (d. h. drei Götter).« »Hört auf, das ist besser für euch. Gott ist doch ein einziger Gott […], erhaben ist Er darüber, dass Er ein Kind habe.«
Sure 4,171

»Er [ein Geist im Bildnis eines wohlgestalteten Menschen] sagte: ›Ich bin der Bote deines Herrn, um dir einen lauteren Knaben zu schenken.‹ Sie sagte: ›Wie soll ich einen Knaben bekommen? Es hat mich doch kein Mensch berührt, und ich bin keine Hure.‹ Er sagte: ›So wird es sein. Dein Herr spricht: Das ist Mir ein leichtes. Wir wollen ihn zu einem Zeichen für die Menschen und zu einer Barmherzigkeit von Uns machen.‹ Und es ist eine beschlossene Sache. So empfing sie ihn.«
Sure 19,19–22

»Sie haben ihn aber nicht getötet, und sie haben ihn nicht gekreuzigt, sondern es erschien ihnen eine ihm ähnliche Gestalt.«
Sure 4,157

Der Koran. Erschlossen und kommentiert von Adel Theodor Khoury, Patmos Verlag, Düsseldorf, 2. Auflage 2005.

Adel Theodor Khoury: Das islamische Jesusbild

■ *Adel Theodor Khoury, geb. 1930 im Libanon, ist katholischer Theologe. Er fordert besonders die Verständigung zwischen Christentum und Islam. Eine der bedeutendsten Übersetzungen des Koran in die deutsche Sprache stammt von ihm.*

Verkündigung und Geburt
Der Koran erzählt (in der Sure 19), dass Gott seinen Geist, der mit dem Engel Gabriel identifiziert wird, zur Jungfrau Maria sandte. Maria erschrak vor der plötzlichen Erscheinung. Der Engel verkündete ihr, Gott wolle ihr »einen lauteren Knaben« schenken, den er zu einem Zeichen seiner Barmherzigkeit für die Menschen machen werde. Maria wandte ein, sie sei eine unverheiratete, reine Jungfrau. Der Engel berief sich auf die Allmacht Gottes; außerdem sei es »eine beschlossene Sache«. Durch einen göttlichen Schöpfungsakt, oder, nach einigen Kommentatoren, durch das Einhauchen des Geistes, empfing Maria das Kind Jesus. Um sich dem verleumderischen Verdacht ihrer Verwandtschaft zu entziehen, beschloss Maria, sich zu einem fernen Ort zu begeben, wo sie mit ihren schweren Sorgen einsam weilte. Da überkamen sie die Wehen. Göttlicher Trost wurde ihr dann durch den Mund eines Engels oder ihres gerade geborenen Kindes gespendet. Sie wurde auf das Wasser aufmerksam gemacht, das für sie zu fließen begann, und auch auf die Datteln einer

dürren Palme, an deren Stamm sie sich gelehnt hatte. Gott habe sich ihrer Sache angenommen, er werde dafür sorgen, dass die Geburt ihres Kindes ihr nicht zur Schande, sondern zur Ehre gereiche. Maria solle schweigen und warten, bis Gott ihr seine Hilfe zeige. So kehrte Maria zu ihrer Familie zurück. Als diese ihre Vorwürfe und Verwunderung ausdrückte, wies sie auf das Kind. Da sprach das Kind Jesus vor aller Augen und bestätigte seinen göttlichen Auftrag: »Ich bin der Diener Gottes. Er ließ mir das Buch zukommen und machte mich zu einem Propheten.«

Der Koran hält mit aller Bestimmtheit an der jungfräulichen Geburt Jesu Christi fest. Dies bekräftigt er an mehreren Stellen (21,91; 66,12; siehe auch 4,156).

Jesus Christus, der Prophet
Gott hat Jesus Christus, den Sohn Marias, mit dem Geist der Heiligkeit gestärkt (2,87) und beauftragt, den Kindern Israels das Evangelium zu verkünden, das Rechtleitung und Licht sowie Erleichterung der Bestimmungen des Gesetzes der Tora enthält. Jesus bringt auch mehr Klarheit über manche Glaubensinhalte. Zur Beglaubigung seiner prophetischen Sendung wirkte Jesus verschiedene Zeichen, sagt der Koran: »Und als Gott sprach: O Jesus, Sohn Marias, gedenke Meiner Gnade zu dir und zu deiner Mutter, als Ich dich mit dem Geist der Heiligkeit stärkte, so dass du zu den Menschen in der Wiege und als Erwachsener sprachst; und als Ich dich das Buch, die Weisheit, die Tora und das Evangelium lehrte; und als du aus Ton etwas wie eine Vogelgestalt mit Meiner Erlaubnis schufest und dann hineinbliesest und es mit Meiner Erlaubnis zu einem Vogel wurde; und als du Blinde und Aussätzige mit Meiner Erlaubnis heiltest und Tote mit Meiner Erlaubnis herauskommen ließest; und als Ich die Kinder Israels von dir zurückhielt, als du mit den deutlichen Zeichen zu ihnen kamst, worauf diejenigen von ihnen, die ungläubig waren, sagten: Das ist nichts als eine offenkundige Zauberei« (5,110).

Trotz dieser klaren Beweise glaubten die Juden nicht an Jesus. Nur die Jünger erkannten die göttliche Botschaft und schenkten ihr Glauben. Gegen die Ungläubigen und seine Widersacher wurde Jesus von Gott unterstützt.

Wie endete das irdische Leben Jesu Christi?
Jesus war, wie auch die anderen Menschen, dem Tod unterworfen. Wann und wie sein irdisches Leben endete, ist eine umstrittene Frage. Die meisten Kommentatoren des orthodoxen Islam wollen, dass Jesus nicht am Kreuz starb. In einer Stelle sagt der Koran: »[…] und weil sie [die Juden] sagten: Wir haben Christus Jesus, den Sohn Marias, den Gesandten Gottes, getötet. – Sie haben ihn aber nicht getötet, und sie haben ihn nicht gekreuzigt, sondern es erschien ihnen eine ihm ähnliche Gestalt […] Und sie haben ihn nicht mit Gewissheit getötet, sondern Gott hat ihn zu sich erhoben. Gott ist mächtig und weise« (4,157–158).

So hat Gott, meinen einige Exegeten, Jesus aus den Händen seiner Widersacher errettet. Erst danach ist er gestorben und nach einer sehr kurzen Zeit wieder von den Toten auferweckt und in den Himmel erhoben worden. Andre meinen, dass die Erhebung in den Himmel ohne vorherigen Tod erfolgt sei; Christus werde aber am Ende der Zeit wiederkommen und erst dann sterben.

Was geschah aber am Kreuz? Die Antwort lautet: Entweder schien es den Juden damals, dass Jesus am Kreuz gestorben sei, es war aber ein Irrtum; Gott hatte ihn in Wirklichkeit zu sich in den Himmel erhoben. Oder, wie die meisten Kommentatoren meinen, gekreuzigt wurde zwar jemand in Jerusalem; dies war aber nicht Jesus Christus, sondern ein anderer Mensch, der wie Jesus aussah.

Die eschatologische Rolle Christi

Über die Rolle Christi in der Endzeit hat die Tradition einiges überliefert. Jesus wird am Ende der Zeit zunächst einmal vom Himmel ins Heilige herabkommen. Dort wird er sich als vollkommener Muslim verhalten: Er vernichtet den Antichrist, verrichtet in Jerusalem das vorgeschriebene Morgengebet, indem er sich hinter dem Vorbeter in die Reihen der islamischen Gläubigen einordnet. Er schafft sodann alles ab, was gesetzwidrig ist; er tötet das Schwein, beseitigt Zeichen, Dinge und Gebäude, die nicht in den Rahmen des strengen orthodoxen Islam hineinpassen (Kreuze, Kirchen und Synagogen), legt Zeugnis gegen Juden und Christen ab und tötet sogar alle Christen, die nicht an den Islam glauben. Sodann wird Jesus über ein vollkommen geeintes Reich herrschen, als gerechter König regieren und der ganzen Schöpfung einen vierzig Jahre andauernden Frieden schenken. Damit er den anderen Propheten in allem ähnlich wird, wird er auch heiraten und Kinder zeugen. Dann wird er sterben und in Medina neben Muhammad und den ersten Kalifen, Abu Bakr und Umar, beigesetzt werden.

Schließlich kommt die Stunde des Gerichts. Gott sitzt allein als Weltenrichter zu Gericht, er bestimmt in seiner unbeschränkten Allmacht, wem er glauben will, für die Menschen Fürsprache einzulegen. Unter diesen begnadeten Menschen befindet sich Jesus, denn der Koran spricht ihm prophetische Sendung auf Erden und Fürspracherecht am Tag des Gerichts zu. Außerdem wird Jesus bei der Auferstehung und dem Gericht Zeuge über die Besitzer der Schrift sein.

So stellt der Koran die Lebensgeschichte Jesu, seine Sendung und seinen prophetischen Auftrag dar. Er erwähnt mit keinem Wort sein Erlösungswerk. Denn die Menschen benötigen nach islamischer Lehre nicht Erlösung, sondern Gottes Barmherzigkeit. Jeder ist Sünder vor Gott, und er hat nur seine eigenen Sünden zu verantworten. Desgleichen kann keiner stellvertretend für andere auftreten und ihnen Erlösung bringen. Jesus Christus ist also (nur) einer der größten Propheten der Geschichte, ein Prophet, den Gott mit einer besonderen Gnade und einer wunderbaren Auserwählung ausgezeichnet hat. […]

Die Person Jesu Christi

Die größten Schwierigkeiten in Glaubensfragen zwischen Christentum und Islam beziehen sich auf die Frage: Wer ist Jesus Christus? Der Islam ist eine streng monotheistische Religion, die die Einzigkeit Gottes stark betont. »Ich bezeuge: Es gibt keinen Gott außer Gott«, so lautet der erste Hauptteil des islamischen Glaubensbekenntnisses. Der Monotheismus ist nach der Aussage des Islam auch die Mitte jeder prophetischen Verkündung und jedes Glaubensinhaltes. So weist der Koran einige Aspekte des christlichen Glaubens zurück, die er als mit dem Monotheismus nicht vereinbar betrachtet.

Maria unter der Palme. Persische Miniatur, um 1560.

Adel Theodor Khoury: Jesus im Islam, in: Jesus. 2000 Jahre Glaubens- und Kulturgeschichte, Herder Verlag, Freiburg/Basel/Wien 1999, S. 158–162.

I – Glauben in Worte fassen

32. Trinität – Glaube an den einen Gott

Leonardo Boff: Jeder Mensch bewegt sich innerhalb einer dreifachen Dimension

■ *Leonardo Boff, geb. 1938, ein katholischer Theologe aus Brasilien, ist einer der Hauptvertreter der Befreiungstheologie und versucht, seine Kirche auf die Verteidigung der Menschenrechte für die Armen zu verpflichten.*

Die trinitarische Auffassung Gottes gewährt uns eine umgreifende Erfahrung des göttlichen Geheimnisses. Jeder Mensch bewegt sich innerhalb einer dreifachen Dimension: Transzendenz, Immanenz und Transparenz.

Gemäß der Transzendenz richtet er sich nach oben (oder zum Urgrund hin) in Richtung auf die Ursprünge seiner selbst und auf die höchsten Richtpunkte. In dieser Erfahrung zeigt sich der Vater, denn er ist der Gott des Ursprungs ohne Ursprung, der Gott des Anfangs ohne Anfang, der Gott des Quells, aus dem alles entströmt. Er ist der letzte Bezug.

Gemäß der Immanenz findet der Mensch sich bei sich selber vor, bei der zu organisierenden Welt, bei der Gesellschaft, die er in horizontalen und vertikalen Beziehungen aufbaut. Die Immanenz stellt den Raum der menschlichen Offenbarung dar. Der Sohn ist des Vaters Offenbarung schlechthin; in seiner Menschwerdung nimmt er auf sich die menschliche Situation, so wie sie ist, in ihrer Größe und ihrem Verfall. Er will eine brüderliche und schwesterliche Gesellschaft (horizontal), die ihre Wurzeln anerkennt (vertikal).

Gemäß der Transparenz wollen wir die Transzendenz mit der Immanenz vereint sehen, die Menschenwelt mit Gottes Welt, so dass sie – bei Achtung der Unterschiede – aufeinander hin durchsichtig werden. In der menschlichen Anstrengung wollen wir Gottes Geschenk erfahren; wir sehnen uns nach einem neuen Herzen und nach der Verwandlung des Alls. Der Heilige Geist macht die Kraft des göttlichen und menschlichen Liebesstroms, die Verklärung des Ganzen aus.

Was wäre der Mensch, wenn er nicht den Vater hätte, nicht in etwas Größerem verwurzelt wäre, nicht geborgen im Geheimnis der Zärtlichkeit? Er wäre wie ein im Weltraum verlorener Meteor, ein Wanderer ohne Weg und Ziel.

Was würde aus uns, hätten wir nicht den Sohn, wüssten wir nicht, woher wir kommen, nähmen wir nicht jeden Augenblick das Leben als Geschenk entgegen, könnten wir nicht den mütterlichen Vater oder die väterliche Mutter lieben? Was würde aus der menschlichen Person, hätte sie nicht dialogische und geschwisterliche Beziehungen, könnte sie sich nicht auf ein Du hin öffnen? Sie wäre nicht ein Wanderer ohne Weg und Ziel, sondern ein einsamer Wanderer in einer feindseligen und dunklen Welt.

Was würde aus dem Menschen ohne Heiligen Geist, ohne ein Hineintauchen in sein eigenes Herz, ohne die Kraft, zu sein und die Schöpfung zu verwandeln? Er wäre ein Wanderer ohne Begeisterung und des Mutes beraubt, den er zu seinen Schritten braucht. Ohne den Geist könnten wir nicht an Jesus glauben noch uns vertrauensvoll dem Schoß des Vaters überlassen.

Leonardo Boff: Der dreieinige Gott, übersetzt von Jürgen Kuhlmann, Patmos Verlag, Düsseldorf 1987, S. 38f.

Friedrich Schleiermacher: Die Aufgabe kann nur durch Annäherung gelöst werden

■ *Friedrich Schleiermacher (1768–1834), der »Kirchenvater des 19. Jahrhunderts«, äußert sich vorsichtiger im Hinblick auf die Möglichkeit, das Geheimnis der Trinität auszudrücken:*

Die kirchliche Dreieinigkeitslehre fordert, dass wir jede der drei Personen sollen dem göttlichen Wesen gleich denken und umgekehrt, und jede der drei Personen den andern gleich; wir vermögen aber weder das eine noch das andere, sondern wir können die Personen nur in einer Abstufung vorstellen, und ebenso die Einheit des Wesens entweder geringer als die Personen, oder umgekehrt. [...]

Gehn wir nun auf die ursprüngliche Tendenz der Lehre, nämlich deutlich zu machen, es sei kein hyperbolischer [übertreibender] Ausdruck unseres Bewusstseins von Christo und von dem Gemeingeist der christlichen Kirche, wenn wir behaupten, dass Gott in beiden sei, so zeigt sich als die erste Aufgabe dieser Lehre, dass dieses eigentümliche Sein Gottes in anderem bestimmt werden müsse in seinem Verhältnis sowohl zu dem Sein Gottes an und für sich, als zu dem Sein Gottes in Bezug auf die Welt überhaupt. Und offenbar ist keine Aussicht vorhanden, dieses jemals so zu vollbringen, dass eine für alle Zeiten ausreichende Formel aufgestellt und jede Abweichung davon als unchristlich verworfen werden könnte. Denn da wir es nur mit dem in unserm Selbstbewusstsein uns mit dem Weltbewusstsein gegebenen Gottesbewusstsein zu tun haben, so haben wir keine Formel für das Sein Gottes an sich, unterschieden von dem Sein Gottes in der Welt, sondern müssten eine solche aus dem spekulativen Gebiet erborgen, mithin der Natur unserer Disziplin untreu werden. Und wissen wir, dass unsere dogmatischen Ausdrücke für das Verhältnis Gottes zur Welt jeder für sich den unvermeidlichen Fehler der Vermenschlichung Gottes an sich tragen: wie sollten wir glauben, besser daran zu sein mit der verwickelteren Aufgabe, das eigentliche Sein Gottes in Christo als einem Einzelwesen, und in der christlichen Kirche als einem geschichtlichen Ganzen zu unterscheiden von der allmächtigen Gegenwart Gottes in der Welt überhaupt, deren Teile doch jene sind. Vielmehr werden wir uns darin zu finden haben, dass die Aufgabe nur durch Annäherung gelöst werden kann, und dass deshalb immer Formeln, die von entgegengesetzten Punkten ausgehen, in Bewegung gegen einander bleiben müssen, da das Interesse an der Aufgabe sich immer wieder erneuern muss.

Friedrich Schleiermacher: Der christliche Glaube nach den Grundsätzen der evangelischen Kirche im Zusammenhange dargestellt, zit. nach der Ausgabe im Friedrich Perthes Verlag, Gotha 1889, S. 254.263f.

Konrad Witz: Der Ratschluss der Erlösung (um 1450). bpk/Gemäldegalerie, Staatliche Museen zu Berlin. Foto: Jörg P. Anders.

Moderne Glaubensbekenntnisse

Ich glaube! Ich glaube an Gott. Dass er hier ist, nicht auf Distanz zu uns. Ich glaube, dass er sich um mich sorgt, dass er mich liebt. Ich glaube, dass er gerecht ist, nicht grausam, nicht unbeteiligt, nicht herzlos, sondern sorgend, Anteil nehmend, wütend über Unrecht. Wenn ich leide, leidet er mit. Ich glaube, dass er souverän ist, deshalb kann ich ihn gar nicht immer verstehen, aber ich kann sehen, was er tut, schon getan hat, indem er uns seinen Sohn gab – Jesus Christus, der für mich gestorben und auferstanden ist. Ich glaube, dass es ein Leben nach dem Tod gibt, ein Leben »danach« – mit oder ohne Gott […] Ich glaube, dass Gott mir vergibt, wenn ich darum bitte. Ohne ihn kann ich nicht leben, wäre mein Leben nichts wert.

Susanne Epp (20), Medizinstudentin

Ich glaub'
- dass jeder seine eigene Religion braucht, auch wenn sie sich teilweise gleichen sollten;
- an ein natürliches Verhältnis von Gut & Böse (Yin, Yang);
- an das Transzendente, (momentan) Unerklärliche, aber auch das bisher Bewiesene;
- an menschliche Werte (Humanitäts-Fehlbarkeit).

Darko Glisic, Stufe 13, Stadtgymnasium Porz

Gotthard Fermor / Reinhard Schmidt-Rost (Hg.): *Glaube gefragt. Ein Credo-Projekt*, © CMZ-Verlag, Rheinbach 2002, S. 35.

J Himmelfahrt und Wiederkunft

Für Christinnen und Christen ist Jesus keine Gestalt der Vergangenheit. Wir können uns zu Jesus im Gebet wenden. Wir erhoffen seine »Anwesenheit« und Hilfe in Notsituationen. Doch wie kann er bei uns sein, nachdem er gestorben und auferweckt worden ist? Die Christen haben schon bald nach Jesu irdischem Auftreten zwei Geschichten erzählt, die sich als Kern späterer Kirchenfeste verstehen lassen. Die Konsequenz der Auferstehung ist, dass Jesus jetzt »im Himmel« ist. Und damit er gleichzeitig »bei uns« sein kann, deshalb schickt er uns »den heiligen Geist«. In ihm können wir gewissermaßen den anwesenden Christus sehen. Und was ist mit der Zukunft? Christinnen und Christen haben eine Hoffnung über unser individuelles Leben und Sterben hinaus auch für diese Welt. Was genau zu erwarten ist, kann niemand präzise vorhersehen oder -sagen. Doch es gibt die Zusage, dass am Ende der Tage, auch nach dem »Weltuntergang« Jesus Christus da sein wird – für uns. Christ/innen glauben und hoffen, dass dann endlich »alles gut« sein wird und dass Jesus Christus der sein wird, der alles »recht macht« – das ist es, was sein Richteramt bedeutet.

33. Im Himmel – und doch da

Phillipp Friedrich Hiller: Jesus Christus herrscht als König

■ *Philipp Friedrich Hiller (1699–1769) war ein Schüler des großen Theologen Johann Albrecht Bengel und der wohl bedeutendste Dichter des schwäbischen Pietismus.*

1. Jesus Christus herrscht als König,
alles wird ihm untertänig,
alles legt ihm Gott zu Fuß.
Aller Zunge soll bekennen,
Jesus sei der Herr zu nennen,
dem man Ehre geben muss.

4. Gleicher Macht und gleicher Ehren
sitzt er unter lichten Chören
über allen Cherubim;
in der Welt und Himmel Enden
hat er alles in den Händen,
denn der Vater gab es ihm.

8. Zwar auch Kreuz drückt Christi Glieder
hier auf kurze Zeiten nieder,
und das Leiden geht zuvor.
Nur Geduld, es folgen Freuden;
nichts kann sie von Jesus scheiden,
und ihr Haupt zieht sie empor.

9. Ihnen steht der Himmel offen,
welcher über alles Hoffen,
über alles Wünschen ist.
Die geheiligte Gemeine
weiß, dass eine Zeit erscheine,
da sie ihren König grüßt.

Phillip Friedrich Hiller 1757, EG 123

Gerhard Richter: Zwei Kerzen (1982).

Milet Andrejevic: Ariadne, 1968.

Meine Hoffnung und meine Freude,
meine Stärke, mein Licht:
Christus, meine Zuversicht,
auf dich vertrau ich und fürcht mich nicht,
auf dich vertrau ich und fürcht mich nicht.

Aus Taizé

Jesus spricht:
Aber ich sage euch die Wahrheit: Es ist gut für euch, dass ich weggehe. Denn wenn ich nicht weggehe, kommt der Tröster nicht zu euch. Wenn ich aber gehe, will ich ihn euch senden.

Johannes 16,7

J – Himmelfahrt und Wiederkunft

Walter J. Hollenweger:
Wenn der Geist Christi unter uns ist

■ *In den Jahren der militanten Auseinandersetzungen zwischen der irisch-katholischen Bevölkerung und den nordirischen Protestanten war es auch im englischen Birmingham zu Bombenanschlägen gekommen. Die verschiedenen christlichen Gemeinden suchten nach einer Form, ihrer Trauer und ihrer Hoffnung Ausdruck zu verleihen. Walter J. Hollenweger, geb. 1927, in dieser Zeit Professor für Missionswissenschaften in Birmingham, versuchte, die damaligen Ereignisse anhand authentischen Materials in literarischer Form zu verarbeiten.*

Am nächsten Sonntag fand ein großer Gedächtnisgottesdienst im Münster statt. Damit weder die Katholiken noch die Protestanten beleidigt waren, wurde beschlossen, John Adegoke, einen der Pastoren aus einer schwarzen Kirche in Birmingham, um die Leitung zu bitten. Mindestens die Hälfte des Kirchenschiffes war mit schwarzen Christen gefüllt, die gekommen waren, um mit der Gemeinde der Weißen zu beten und zu trauern. Eine lange Prozession kam von hinten langsam durch das Kirchenschiff – zuerst ein großer schwarzer Chor, gefolgt vom Münsterchor und den Chorherren; dann der Kanzler der Universität Birmingham; hinter ihm der katholische Erzbischof und der anglikanische Bischof von Birmingham; nach ihnen kam der Präsident des Gewerkschaftskomitees der Automobilfabrik British Leyland und der konservative Bürgermeister der Stadt; und schließlich John Adegoke, Ober-Apostel der Cherubim- und Seraphim-Gesellschaft.

Ein junger Schwarzer eröffnete den Gottesdienst mit einem Lied. Er wurde mit Schlagzeug und der Münsterorgel begleitet. Wenn der Heilige Geist dich erfüllt, kannst du lächeln.
Wenn dich Jesu Blut anrührt, kannst du lächeln.
Wenn du dich wie der Täufer fühlst …
Hier unterbrach der Sänger seinen Vortrag und kommentierte: »Wisst ihr, Brüder und Schwestern, Johannes der Täufer, der nur Heuschrecken und wilden Honig zu essen bekam. Wenn du dich wie der Täufer fühlst …«
Die schwarzen Christen stimmten ein: »Dann kannst du lächeln.« Wenn sich dein Herz mit Trauer füllt, kannst du lächeln.
Der schwarze Chor, in farbige Talare gekleidet, nahm die Worte auf. »Du kannst lächeln.« Die beiden Trommler rhythmisierten das Thema zuerst leise: »Du kannst, du kannst, ja, du kannst lächeln.« Der Chor setzte wieder mit vollen Harmonien und starken Synkopen ein. Die Trommler ließen ihre Schläger auf dem Trommelfell tanzen. »Du kannst lächeln.« Der Solist sang die nächste Strophe. Wenn sie mit Bomben nach dir werfen …
Und hier konnte er nicht singen »dann kannst du lächeln«. Nur die Trommler schlugen den Beat, und die Gemeinde verharrte lautlos. Wenn sie dich wegen deiner Hautfarbe anstarren, kannst du lächeln.
»Halleluja, du kannst lächeln.« Nun geriet der Chor in Bewegung und tanzte in kurzen, rhythmischen Schritten durch den Mittelgang in die Kirche hinein. Die schwarze Gemeinde stand auf und rief und sang immer wieder. »Yes, Lord, du kannst lächeln.«

Wenn dir die Nationale Front Steine nachwirft, kannst du lächeln.
Wenn dich die Black Power-Leute einen Feigling schimpfen, kannst du lächeln.
John Adegoke erhob sich. »Im Namen des Vaters, und des Sohnes, und des Heiligen Geistes.« Chöre und Gemeinde respondierten. – »Amen.«
»Wir kommen hier als Brüder und als Glieder am Leibe Christi im Münster von Birmingham zusammen. Wir begrüßen den anglikanischen Bischof von Birmingham und den römisch-katholischen Erzbischof. Wir grüßen katholische und protestantische Christen. Wir grüßen schwarze und weiße Christen. Und wir wissen, wir sind nicht allein.«
Er drehte sich zum Altar, kniete nieder, faltete seine Hände in einer großen Geste, wie sie früher bei den Anglokatholiken üblich war, und betete: »Mit den Engeln und Erzengeln, mit Cherubim und Seraphim, und der Gemeinschaft der himmlischen Wesen, mit den Heiligen der Vergangenheit aus Europa und Afrika, eingeschlossen jene Heiligen, die erst vor kurzem abberufen wurden, preisen wir dich und beten wir dich an.«
»Amen«, sangen die Chöre wieder. »Sie mögen in Frieden ruhen.«
Der schwarze Chor sang wieder ein Lied. Es war eines jener berühmten Spirituals, in denen sie von der endgültigen Befreiung sangen. Vordergründig war es ein Lied über den Himmel. »Dort werden wir unsere Lasten niederlegen und unsere gebeugten Rücken strecken. I'm going to lay down my heavy load.« […]
Als das Lied zu Ende war, begrüßte John Adegoke die deutschen Lutheraner, die auch in der Kirche waren. »Wisst ihr, Martin Luther, der große Glaubensmann, ist ihr Kirchenvater«, erklärte er, denn er hatte etwas über Luther gelernt im theologischen Kurs, den die Universität Birmingham für schwarze Arbeiterpfarrer eingerichtet hatte. […]
»Ja, liebe Gemeinde«, führte jetzt der katholische Erzbischof das Thema weiter, »Wir werden uns noch wundern, wenn wir einmal zu den Überwindern gehören, wenn unsere Selbstsucht überwunden wird, wenn alle Heiligen in die Stadt der goldenen Gassen einziehen …« Und schon fing der Posaunist an zu spielen […]: »Oh, when the Saints, oh when the Saints, oh when the Saints come marching in.« Und der Chor und einige aus der Gemeinde standen auf und tanzten und marschierten durch die Kirche.
Der katholische Erzbischof sagte laut »Amen«, und alles war wieder still. »Freunde«, jetzt war der anglikanische Bischof an der Reihe. »Freunde«, sagte er, »wenn die Heiligen ins neue Jerusalem einmarschieren, wird es dann katholische Heilige, lutherische Heilige, anglikanische Heilige, pfingstliche Heilige geben?« »Nein, nein«, riefen die schwarzen Christen, und die Weißen machten ein verblüfftes Gesicht.
Der anglikanische Bischof war überrascht, ließ sich jedoch nichts anmerken und fuhr fort. »Wird es dann schwarze und weiße Heilige, irische Heilige und englische Heilige geben?« Die Gemeinde rief wieder »nein, nein«, doch diesmal stimmten auch einige Engländer und Iren in den Respons ein.

»Nein«, fuhr der Prediger fort, »nein, es wird nur Heilige geben! Heilige, die Jesus von Nazareth nachfolgen. Aber einige von uns werden sich noch wundern. Im Himmel, da werden wir uns noch mehr wundern als hier auf Erden. Wisst ihr, da wird es herauskommen, was wir wirklich anbeten, Jesus, den Handwerkersohn, Jesus, den Erlöser, oder eine Karikatur unserer eigenen Ängste und Triebe. Es wird herauskommen, ob wir unsere Rasse, unser Geld, unsere Kirche, unsere Kultur, unsere Tradition, oder ob wir Jesus anbeten. Ich wäre nicht überrascht, wenn am jüngsten Tag alle weißen Menschen einem schwarzen Jesus gegenüberständen …«
Der Prediger hielt inne. Es war totenstill in der Kirche. Der Bischof fuhr fort. »Ich wäre nicht überrascht, wenn alle weißen Menschen einem schwarzen Jesus gegenüberständen und alle schwarzen Menschen einem weißen Jesus. Amen.«
John Adegoke dankte den beiden Predigern und fügte hinzu: »Ich wäre nicht überrascht, wenn am jüngsten Tage alle Iren einem englischen Jesus gegenüberständen, und alle Engländer einem irischen Jesus. Lasset uns beten.« Gebetsstille. Niemand sprach ein Wort. Nur hier und da ein paar Seufzer und leises Weinen. Nach dem Gebet sang der Münsterchor einen seiner herrlichen Choräle.
»Lasst uns unsere Sünden bekennen«, sagte John Adegoke. Der konservative Bürgermeister von Birmingham, der Präsident des Gewerkschaftskomitees von British Leyland und eine schwarze Frau kamen zum Altar. Sie beteten abwechslungsweise. Dazwischen sang der Chor das »Kyrie eleison«. »Es ging uns zuerst um Wahlgewinne und nicht um das Wohl der Bürger.« »Kyrie eleison.«
»Es ging uns zuerst um die Macht der Gewerkschaften und nicht um das Wohl der Arbeiter.« »Kyrie eleison.«
»Wir meinten, unsere Anhänger wollten vor allem mehr Geld und merkten nicht, dass sie mehr Ehrlichkeit wollten.« »Kyrie eleison.«
»Wir führten uns auf wie die Kirchen. Wir glaubten, dass wir, die Chefs der Gewerkschaften, wir glaubten, dass wir, die Bonzen der Parteien am besten wussten, was für das Volk gut ist.« »Kyrie eleison.«
»Und jetzt, da unser Land in Trümmern liegt, unsere Jugend über uns lacht, unsere Nachbarn den Kopf schütteln, da kommen wir demütig zu dir, o Herr, und bitten dich, hilf uns, wieder Menschen zu werden, Menschen in unseren Arbeitsverhandlungen, Menschen in unseren politischen Auseinandersetzungen.« »Kyrie eleison.«

Nach einer langen Stille erhob sich der Kanzler der Universität Birmingham für die Abkündigungen. Er sagte: »Eine Frage lässt mich nicht los. Ich verstehe nicht, warum wir gemeinsam trauern, aber nicht gemeinsam handeln, warum wir gemeinsam singen, aber nicht gemeinsam Abendmahl feiern können. Wollen Sie mir versprechen, dass Sie über

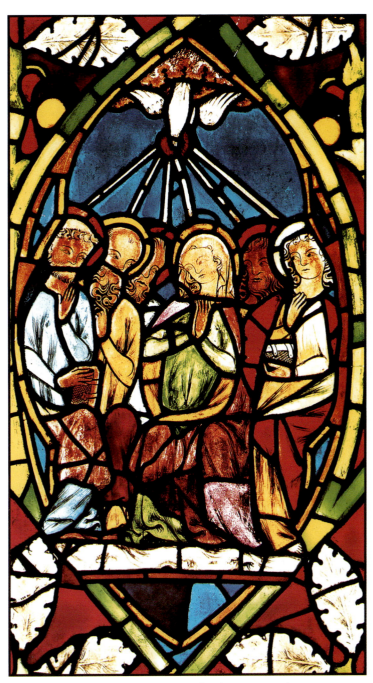

Ausgießung des Heiligen Geistes, Kirchenfenster, entstanden um 1300. Württembergisches Landesmuseum Stuttgart.

diese Frage nachdenken? Es ist nur die Frage eines einfachen Laienchristen.«
Mit dieser Segensformel wurde die Gemeinde entlassen. […] Das war der Anfang eines gründlichen Prozesses des Nachdenkens bei den Christen von Birmingham. Sie fingen an, ihre religiösen und intellektuellen Gaben zu teilen – gelegentlich schlossen sie auch die Finanzen in diesen Prozess ein –, und führten damit der Welt vor, dass Christen anders sind …

Walter J. Hollenweger: Umgang mit Mythen, Interkulturelle Theologie 2, Chr. Kaiser Verlag, München 1982, S. 174–178.

34. Wenn Jesus wiederkommt

Eberhard Jüngel: Im Licht dessen, was Gott für uns getan hat

■ *Der Tübinger Theologe Eberhard Jüngel, geb. 1934, zählt zu den bedeutendsten Theologen der Bundesrepublik. In dem Aufsatz, aus dem der folgende Textabschnitt stammt, versucht er zu skizzieren, warum das »Jüngste Gericht« nicht als Vernichtung, sondern als ein Akt der Gnade Gottes erwartet werden darf.*

Dass Gott sich unserem gelebten Leben richtend noch einmal zuwenden wird – das zeigt, dass wir ihm nicht gleichgültig sind. Schon das bloße Faktum solcher richtenden Zuwendung ist ein Akt göttlichen Erbarmens. Und eben deshalb ist das jüngste Gericht eine dem Menschen und der Menschheit widerfahrende Auszeichnung. Dadurch, dass der Mensch von Gott beurteilt wird, wird er als Person ernst genommen. Dadurch, dass die Weltgeschichte als ganze von Gott beurteilt wird, wird sie in ihrer Dignität ernst genommen. Der Mensch wird also des Gerichtes Gottes gewürdigt. Er wird zum Gericht erhöht. […]
Der am Tag des Herrn als Richter erscheinende Christus ist jedoch so gerade nicht vorstellbar: als ein mit verbundenen Augen Recht sprechender Richter. Sein Richteramt hat denn auch – und darin sollte er Urbild und Vorbild aller irdischen Richter sein – nicht primär die Funktion, Menschen, gegen die Anklage erhoben wurde, freizusprechen oder zu verurteilen, sondern sein Richteramt hat primär die Funktion, für den shalom, für die Friedens- und Rechtsordnung zu sorgen, die ein gelingendes Zusammensein aller Rechtspersonen ermöglicht. […]
Ist Jesus Christus der Richter im letzten Gericht, dann heißt das weiterhin im Besonderen, dass es zur universalen und unmittelbaren Offenbarung und Aufklärung dessen kommt, was ein jeder Mensch und was die Menschheit aus sich selbst und aus der den Menschen gemeinsam anvertrauten Welt – ihnen nicht nur als Lebensraum, sondern auch und vor allem als Ort der Begegnung von Gott und Mensch anvertrauten Welt! – gemacht haben. Doch dies so, dass das, was wir aus uns und aus unserer Welt gemacht haben, im Lichte dessen offenbar wird, was Gott für uns getan hat, so dass alles, was von uns getan worden ist, von dem her erhellt und beleuchtet wird, was von uns hätte getan werden sollen. Denn wenn Jesus Christus unsere Taten im Lichte der Taten Gottes offenbar werden lässt, dann werden sie auf jeden Fall auch im Lichte seines Anspruchs, im Lichte seines Gebotes offenbar. Der Richter des jüngsten Gerichts stellt und beantwortet die quaestio facti und die quaestio iuris. Und offenbart eben damit die himmelschreiende Diskrepanz zwischen dem, was hätte getan werden sollen, und dem, was de facto getan worden ist. Er offenbart unsere Schuld.

Eberhard Jüngel: Das jüngste Gericht als Akt der Gnade, Radius Verlag, Stuttgart 2003, S. 55–62.

Helmut Thielicke: Die Legende unserer Identität

■ *Helmut Thielicke (1908 bis 1986), zuletzt Professor für Systematische Theologie an der Universität Hamburg, war und ist durch seine gut lesbaren Essays und Bücher einem breiten Publikum bekannt.*

Ich stelle mir vor, dass beim Jüngsten Gericht – analog zu irdischen Gerichtsverfahren – vor Eintritt in die Verhandlung meine Identität festgestellt wird. Da aber kommt es zu einem Zwischenfall. Kaum nämlich hat der Höchste Richter an mich die Frage gestellt: »Wer bist du?«, fällt ihm der satanische Verkläger ins Wort und antwortet statt meiner: »Wer der ist, fragst du? Ich will es dir sagen: Er ist der, der das und das getan und zu tun versäumt hat. Er hat die Not des Nächsten neben sich übersehen, weil er sich immer selbst der nächste war. Er hat geschwiegen, als er hätte bekennen müssen. Und das, was du ihm an Begabung mitgegeben hast, ließ ihn nicht demütig sein, sondern hat ihn hochmütig gemacht.« Noch lange fährt der Verkläger in diesem Sinne fort. Dann aber unterbricht ihn der Verteidiger; es ist der erhöhte Gottessohn: »Der Verkläger hat wahr gesprochen, Vater und Richter. Dieser da hat das alles hinter sich.« Und obwohl die Gestalt auf dem Richterthron sehr wohl weiß, was Christus damit sagen will, so fragt er doch um der Beisitzer und Zuhörer willen: »Wer ist er denn, wenn er nicht mehr das ist, was er hinter sich hat?« – Darauf erwidert Christus: »Er hat sich mir angeschlossen und hat mir geglaubt, dass du ihm in mir begegnen und ihm zum Vater werden willst, wie du mein Vater bist. So habe ich seine Vergangenheit durchgestrichen und den Schuldschein an mein Kreuz geheftet (Kolosserbrief 2,14). Wer dieser also ›ist‹, fragst du? Er ist der, der mich angenommen und darin das Sohnesrecht gewonnen hat, wie du es zugesagt hast. So sieh ihn so an, wie du mich ansiehst: Er ist mein Bruder und dein Sohn.«

Helmut Thielicke: Mensch sein – Mensch werden, Piper Verlag, München 1971, S. 116.

Hans Memling: Das Jüngste Gericht, Altartriptychon, Mitteltafel (1472).

Das sage ich aber, liebe Brüder, dass Fleisch und Blut das Reich Gottes nicht ererben können; auch wird das Verwesliche nicht erben die Unverweslichkeit. Siehe, ich sage euch ein Geheimnis: Wir werden nicht alle entschlafen, wir werden aber alle verwandelt werden; und das plötzlich, in einem Augenblick, zur Zeit der letzten Posaune. Denn es wird die Posaune erschallen, und die Toten werden verwandelt werden. Denn dies Verwesliche muss anziehen die Unverweslichkeit, und dies Sterbliche muss anziehen die Unsterblichkeit.

Paulus, 1. Korinther 15,50–53

Das Gleichnis vom Weltgericht

Wenn aber der Menschensohn kommen wird in seiner Herrlichkeit, und alle Engel mit ihm, dann wird er sitzen auf dem Thron seiner Herrlichkeit, und alle Völker werden vor ihm versammelt werden. Und er wird sie voneinander scheiden, wie ein Hirt die Schafe von den Böcken scheidet, und wird die Schafe zu seiner Rechten stellen und die Böcke zur Linken.

Matthäus 25,31–33

J – Himmelfahrt und Wiederkunft

F. M. Dostojewskij: … noch einmal in derselben menschlichen Gestalt – Ein Gedankenexperiment

■ *Fjodor Michailowitsch Dostojewskij (1821–1881), in seiner Jugend wegen sozialistischer Umtriebe zum Tode verurteilt, dann zu Zwangsarbeit begnadigt, war einer der berühmtesten russischen Romanschriftsteller. In seinen letzten Roman »Die Brüder Karamasow« fügte Dostojewskij die »Legende vom Großinquisitor« ein. Christus erscheint im mittelalterlichen Spanien. Doch seine Begegnung mit dem Großinquisitor verläuft anders als erwartet.*

Bei mir erscheint auf der Bühne – Er. – Allerdings spricht Er kein Wort, Er erscheint nur und geht vorüber. Fünfzehn Jahrhunderte sind seit Seinem ersten Erscheinen vergangen, seit der Zeit, da Er den Menschen verhieß, wiederzukommen und sein Reich auf Erden zu errichten, fünfzehn Jahrhunderte seit der Zeit, da Er, wie sein Jünger uns berichtet, verhieß, als Er noch unter ihnen wandelte: »Wahrlich, ich komme bald. Von jenem Tage aber und der Stunde weiß nicht einmal der Sohn, nur allein mein himmlischer Vater.« Doch die Menschheit wartet auf Ihn noch mit demselben Glauben und mit derselben Ergriffenheit wie seit je. O, sogar mit noch größerem Glauben wartet sie auf ihn, denn schon sind anderthalb Jahrtausende verflossen, seit der Himmel aufhörte, dem Menschen sichtbare Unterpfande zu geben. […]
Die Tränen der Menschen steigen nach wie vor zu Ihm empor, man erwartet Ihn, man liebt Ihn, man hofft auf Ihn, wie vordem […] Und schon so viele Jahrhunderte haben die Menschen in feurigem Glauben zu Ihm gebetet und Ihn angerufen: »Herr, erscheine uns!«, dass er in Seinem unermesslichen Mitleid zu den Flehenden herabsteigen will. Er war aber auch vordem schon manchmal herabgestiegen und hatte etliche Gerechte, Märtyrer und heilige Einsiedler besucht, wie es in deren Lebensgeschichten geschrieben steht. […]
Was auch tatsächlich so geschehen ist, das sage ich dir von mir aus. Und so will Er denn in Seiner Barmherzigkeit wenigstens auf einen Augenblick zum Volk hinabsteigen, zu dem sich quälenden, dem leidenden, schmutzig-sündigen, doch kindlich ihn liebenden Volk. Die Handlung spielt bei mir in Spanien, in Sevilla, zur schrecklichsten Zeit der Inquisition, als dort zum Ruhme Gottes täglich Scheiterhaufen auf zum Himmel flammten und man in prunkvollem Autodafé verruchte Ketzer verbrannte.
O, das war natürlich nicht jene Wiederkunft, in der Er nach Seiner Verheißung am Ende der Zeiten erscheinen wird: in himmlischer Glorie, plötzlich, »gleichwie der Blitz leuchtet von Osten bis Westen«. Nein, diesmal will er nur auf einen Augenblick seine Kinder wiedersehen, und zwar gerade dort, wo die Scheiterhaufen der Ketzer prasseln. In unermesslichem Erbarmen kommt Er zu ihnen noch einmal in derselben menschlichen Gestalt, in der Er einst dreiunddreißig Jahre lang unter den Menschen gewandelt, vor anderthalb Jahrtausenden. Er steigt hinab auf die glühenden Plätze der südlichen Stadt, wo gerade erst tags zuvor im Beisein des Königs, des Hofes, aller Granden und Kirchenfürsten und der reizendsten Damen der Hofgesellschaft, vor den Augen der zahlreichen Einwohnerschaft Sevillas vom greisen Kardinal-

Großinquisitor fast ein volles Hundert Ketzer ad majorem gloriam Dei auf einmal verbrannt worden war. Er ist ganz still und unbemerkt erschienen, aber alle – sonderbar ist das –, alle erkennen ihn. […]
Eine unwiderstehliche Macht zieht das Volk zu Ihm hin; es umringt Ihn, wächst mehr und mehr um Ihn an und folgt Ihm, wohin Er geht. Er aber wandelt stumm unter ihnen mit einem stillen Lächeln unendlichen Mitgefühls. Die Sonne der Liebe brennt in Seinem Herzen, Strahlen von Licht, Erleuchtung und Kraft strömen aus Seinen Augen, und alle, über die sie sich ergießen, sind ergriffen von Gegenliebe zu Ihm. Er streckt ihnen die Hände entgegen, Er segnet sie, und von der Berührung Seiner Hände, ja schon von der Berührung seines Gewandes geht heilende Kraft aus.
Da ruft aus der Menge ein Greis, der von Kindheit an blind ist, Ihn, der vorübergeht, laut an: »Herr, heile mich, – auf dass auch ich Dich schaue!« Und siehe, es fällt wie Schuppen von seinen Augen, und der Blinde sieht Ihn. Das Volk weint und küsst die Erde, über die Er geschritten ist. Kinder streuen vor Ihm Blumen, jauchzen und rufen: »Hosianna!« »Das ist Er, Er selbst!« raunt sich das Volk immer lauter und lauter zu, »das muss Er sein, das kann kein anderer sein als Er!«
Vor dem Portal der Kathedrale von Sevilla bleibt Er stehen, da man gerade unter Weinen und Wehklagen einen offenen weißen Kindersarg in den Dom trägt: im Sarge liegt das tote siebenjährige Töchterchen eines vornehmen Bürgers, sein einziges Kind. Man hat es ganz in Blumen gebettet. Er wird dein Kind erwecken!, ruft man aus der Menge der weinenden Mutter zu. Der Geistliche, der aus der Kathedrale dem Sarg entgegentritt, bleibt verwundert stehen und runzelt die Stirn. Aber die Mutter des toten Kindes wirft sich Ihm zu Füßen und ruft: Bist Du es, so erwecke mein Kind!« und flehend hebt sie die Hände zu Ihm empor. Alles bleibt stehen, der kleine Sarg wird vor dem Portal der Kathedrale zu Seinen Füßen niedergestellt. Voll Mitleid blickt er auf das tote Kind, und Seine Lippen sprechen leise abermals: »Talitha kumi«: Stehe auf, Mädchen. Und das Mädchen erhebt sich im Sarge, setzt sich auf und blickt lächelnd mit weit offenen verwunderten Augen um sich. Ihre Hände pressen die weißen Rosen, mit denen sie im Sarge lag, an die Brust.
Im Volke Bestürzung, man schreit und schluchzt, und gerade da, in diesem Augenblick, geht über den Platz der Kathedrale der Kardinal-Großinquisitor. Er ist ein fast neunzigjähriger Greis, groß und aufrecht, mit vertrocknetem Gesicht, eingesunkenen Augen, in denen aber noch ein Glanz blinkt wie ein Feuerfunke. Oh, nicht in seinem prächtigen Kardinalsgewande geht er vorüber, in den leuchtenden Farben, in denen er gestern vor dem Volke geprunkt hat, als er die Feinde des römischen Glaubens den Flammen übergab, – nein, in diesem Augenblick trägt er nur seine alte, grobe Mönchskutte. Ihm folgen in angemessenem Abstand seine finsteren Gehilfen und Diener und die heilige Wache. Angesichts des Gedränges vor dem Portal bleibt er stehen und beobachtet von ferne. Er hat gesehen, wie der Sarg vor Seine Füße gestellt ward. Er sieht, wie das Mädchen aufersteht, und sein Gesicht verfinstert sich. Er runzelt die grauen, buschigen Brauen, und

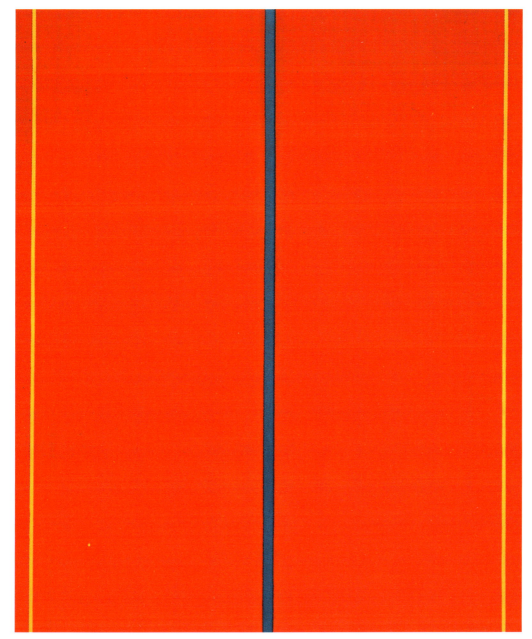

Barnett Newman: Who's afraid of Red, Yellow and Blue II, 1967. Staatsgalerie Stuttgart. © VG Bild-Kunst, Bonn 2008.

sein Blick erglüht Unheil verkündend. Er streckt den Finger aus und befiehlt der Wache, Ihn zu ergreifen. Und siehe, so groß ist seine Macht, und bereits so gut abgerichtet, unterworfen und zitternd gehorsam ist ihm das Volk, dass es vor den Wachen wortlos zurückweicht und diese, inmitten der Grabesstille, Hand an Ihn legen und Ihn wegführen lässt. Und jäh beugt sich die ganze Menge, wie ein Mann, bis zur Erde vor dem greisen Großinquisitor; der segnet schweigend das kniende Volk und geht stumm vorüber.

Die Wache führt den Gefangenen in ein enges, dunkles, gewölbtes Verlies im alten Palast des Heiligen Tribunals und schließt ihn dort ein. Der Tag vergeht, es wird Nacht: dunkle, glühende, hauchlose Sevillanische Nacht. Die Luft ist schwer von Lorbeer und Orangenduft. Da, im Dunkel der tiefen Nacht öffnet sich plötzlich die eiserne Tür des Verlieses, und mit der Leuchte in der Hand tritt er, der Greis, der Großinquisitor, langsam über die Schwelle. Er ist allein, hinter ihm schließt sich die Tür. Er steht und blickt lange – eine oder zwei Minuten lang Ihm ins Gesicht. […]

Endlich tritt er leise näher, stellt die Leuchte auf den Tisch und spricht zu Ihm: »Bist Du es? Du?« Und da er keine Antwort erhält, fügt er schnell hinzu: »Antworte nicht, schweige. Und was könntest Du auch sagen? Ich weiß nur allzu gut, was Du sagen kannst. Aber Du hast nicht einmal das Recht, noch etwas dem hinzuzufügen, was von Dir schon damals gesagt worden ist. Warum also bist Du gekommen, uns zu stören?«

Fjodor M. Dostojewskij: Die Brüder Karamasow (verfasst 1878–1880), Artemis und Winkler, Düsseldorf, 3. Auflage 2007.

J – Himmelfahrt und Wiederkunft

35. In der Spur Jesu

Eric-Emmanuel Schmitt: Ich will diesen Jesus lebendig, nah intim wiederaufleben lassen

■ *Eric-Emmanuel Schmitt war zunächst Lehrbeauftragter für Philosophie in Besançon und Chambéry. Seit 1990 arbeitet er als Schriftsteller.*
Der Roman »Das Evangelium nach Pilatus« erzählt die Geschichte Jesu zunächst aus Jesu eigener Perspektive als Ich-Erzählung, um dann im zweiten Teil Pilatus zu Wort kommen zu lassen.
In einem Nachwort schildert Schmitt seine Ideen für diesen Roman:

Heute abend die Entscheidung: Morgen kaufe ich mir einen Block und schreibe das Buch in einem Zug mit der Hand nieder, von der ersten bis zu letzten Seite.

Alles ist gut gelaufen. Die Ölberg-Szene ist fertig. Sie ging mir so leicht von der Hand, in ungewohntem Fluss, weil unser – Jeschuas und mein – Gedächtnis zu einem verschmolzen waren, um das Vergangene wiederherzustellen, sich aber auf das Wesentliche beschränkten, so dass ich nicht lange überlegen musste, was zu sagen war, sondern mich ganz dem Formulieren widmen konnte.

Was macht mich so kühn, im Namen Jesu zu schreiben? Ein Atheist fände gar nichts dabei, ich aber, der seinen Glauben in der Sahara empfangen hat und dessen Spiritualität sich nach langer, eingehender Prüfung als christliche erweist, habe ständig den Eindruck, ein Tabu zu brechen und die heiligen Schriften der Evangelien mit Füßen zu treten!

Meine Rechtfertigung ist der Zweck meines Buches: Ich will diesen Jesus lebendig, nah, intim wiederaufleben lassen, weil seine Gestalt im Lauf der Jahrhunderte hinter den Bildern verblasst ist, weil seine Worte nach unzähligen mechanischen Wiederholungen nur noch wie ein abgedroschener Refrain klingen, weil seine Taten in so vielen berühmten Gemälden erstarrt sind, dass sie nicht mehr gesehen werden, und weil die Kirchen, die zur Erbauung des Volkes einen beruhigenden, selbstsicheren, seiner Bestimmung bewussten Gott präsentieren wollten, seine Schreie, seine Zweifel und seinen Mut ignoriert und erstickt haben.

Nach zwanzig von Schriften, Palimpsesten*, Lärmen und Raunen erfüllten Jahrhunderten hört man nicht mehr hin und sieht man nicht mehr hin. In Befragungen meiner Zeitgenossen ist Jesus stets der notorische Unbekannte: weder Gott noch Mensch. Kein Gott mehr, weil er auf eine historische Figur – den Weisen, den Erleuchteten, den Hochstapler oder das Opfer – reduziert wird, die wahrscheinlich sogar existiert hat. Kein Mensch mehr, weil die Gläubigen in ihrem Wunsch, zu glauben und glauben zu machen, seine Macht, Wunder zu wirken, und den Charakter des Göttlichen überbetonen. Ich möchte zuerst den Menschen zeigen, dann vielleicht Gott […]

Ich hatte viel Spaß an der Beschreibung des kleinen Jeschua aus Nazareth, der sich wie alle geliebten Kinder für Gott hält, bis er seine körperliche Beschränktheit entdeckt: Er kann nicht fliegen! Die Entdeckung unserer Grenzen lehrt uns das Menschsein: Wir werden krank, wir leiden und müssen eines Tages sterben, wir können nicht alles wissen, und unsere Macht über uns und andere ist kaum der Rede wert. Wenn Jesus ein Mensch war, wurde er sich durch diese Erfahrung seines Menschseins bewusst.

Lustige Vorstellung, dass wir alle anfänglich Gott sind […]

Seit zweitausend Jahren diskutieren die Theologen – das ist ihr Beruf –, was Christus über sich selber dachte. War ihm von Anfang an bewusst, dass er Gottes Sohn war oder hat er das erst mit der Zeit herausgefunden? War ihm der Messias gleichsam angeboren, oder ist ihm das erst später aufgefallen? Die Evangelien beantworten diese Frage meiner Ansicht nach eindeutig: Jesus war Mensch, sicher von Gott erleuchtet, aber Mensch bis zu seinem Tod am Kreuz. Sonst hätte er nicht gelitten. Sonst wäre er nicht gestorben. Erst die Auferstehung verleiht ihm in seiner irdischen Realität den Status des Göttlichen.

Im Alter von dreißig Jahren hebt Jesus zu sprechen an. Davor führt er das Leben eines einfachen Zimmermanns, der Nazareth nie verlässt, sich in keiner Weise hervortut oder Menschen um sich sammelt. Warum hätte er so lange zögern sollen, wenn er von Anfang an um seine Bestimmung wusste? Sein langes Schweigen scheint mir der beste Beweis dafür zu sein, dass sein göttliches Wesen sich ihm erst nach und nach offenbarte.

Auch die Etappen dieser Enthüllung werden in den Evangelien deutlich.

Da ist zunächst das Erkennen durch Johannes den Täufer: Der Prophet sieht in dem Pilger am Ufer des Jordans den Messias, dessen Erscheinen er seit Jahren ankündigt.

Jesus ist von diesem Schock so erschüttert, dass er sich für vierzig Tage in die Wüste zurückzieht. Was geschieht dort mit ihm? Keiner weiß es, aber eines ist klar: Er kehrt völlig verändert in die zivilisierte Welt zurück: Er spricht. Endlich spricht er!

Aber sprechen heißt nicht, sich zu sich selbst zu bekennen. Er bezeichnet sich noch nicht als Messias. Wenn man ihn fragt, wer er ist, antwortet er nicht. Wenn sein Gesprächspartner beharrt und bohrt: »Bist du der Messias?«, antwortet er unverändert: »Das sagst du.«

Jahrelang wollte ich nur die philosophische Bedeutung dieses Satzes zur Kenntnis nehmen. »Das sagst du« erschien mir als bemerkenswerter Ausdruck für das Verhältnis Jesu zu seinem Gegenüber: »Du bist es, der in seiner Seele und seinem Bewusstsein die Entscheidung trifft, ob ich der Messias bin oder nicht, du beschließt, mich als Gott anzuerkennen, du bist frei.« Diese Pädagogik der Freiheit sehe ich immer noch, aber ich entdecke auch die tiefen Zweifel, die Jesus innerlich zerreißen. Er selbst stellt sich die Frage, ob er der Messias ist und ob es ihm gelingt, diese Aufgabe auf sich zu nehmen.

Eric-Emmanuel Schmitt: Das Evangelium nach Pilatus, Amman-Verlag, Zürich 2005, S. 257ff.

---

* Palimpsest: Manuskriptseite, die aus Sparsamkeit abgeschabt und wieder beschrieben wurde.

Jakob Edward von Steinle: Jesu Nachtreise mit den Jüngern, 1869. Foto: Rheinisches Bildarchiv, Köln.

Jesu, geh voran

Jesu, geh voran
auf der Lebensbahn!
Und wir wollen nicht verweilen,
dir getreulich nachzueilen;
führ uns an der Hand
bis ins Vaterland!

Soll's uns hart ergehn,
lass uns feste stehn
und auch in den schwersten Tagen
niemals über Lasten klagen;
denn durch Trübsal hier
geht der Weg zu dir.

Rühret eigner Schmerz
irgend unser Herz,
kümmert uns ein fremdes Leiden,
o so gib Geduld zu beiden;
richte unsern Sinn
auf das Ende hin!

Ordne unsern Gang,
Jesu, lebenslang.
Führst du uns durch rauhe Wege,
gib uns auch die nöt'ge Pflege;
tu uns nach dem Lauf
deine Türe auf!

Nikolaus Ludwig von Zinzendorf
(1700–1760)

Gemeinde in der Nachfolge Jesu Christi

Sie blieben aber beständig in der Lehre der Apostel und in der Gemeinschaft und im Brotbrechen und im Gebet. Es kam aber Furcht über alle Seelen, und es geschahen auch viele Wunder und Zeichen durch die Apostel. Alle aber, die gläubig geworden waren, waren beieinander und hatten alle Dinge gemeinsam. Sie verkauften Güter und Habe und teilten sie aus unter alle, je nachdem es einer nötig hatte. Und sie waren täglich einmütig beieinander im Tempel und brachen das Brot hier und dort in den Häusern, hielten die Mahlzeiten mit Freude und lauterem Herzen und lobten Gott und fanden Wohlwollen beim ganzen Volk. Der Herr aber fügte täglich zur Gemeinde hinzu, die gerettet wurden.

Apostelgeschichte 2,42–47

*Joseph Beuys (1921–1986): Halbiertes Filzkreuz mit Staubbild Martha (1960/65). Museum Ludwig, Köln.
© VG Bild-Kunst, Bonn 2008.*